Le pardon

La voie du bonheur

Catalogage avant publication de Bibliothèque et Archives Canada

Clarke, Virginia

Le pardon

2ᵉ édition

(Collection Psychologie)

ISBN : 2-7640-0976-3

1. Pardon. 2. Bonheur. 3. Tranquillité d'esprit. I. Titre. II. Collection : Collection Psychologie (Éditions Quebecor).

BF637.F67C42 2005   158.2   C2005-940097-8

LES ÉDITIONS QUEBECOR
Une division de Éditions Quebecor Média inc.
7, chemin Bates
Outremont (Québec)
H2V 4V7
Tél. : (514) 270-1746
www.quebecoreditions.com

© 2005, Les Éditions Quebecor, pour la présente édition
Bibliothèque et Archives Canada
Éditeur : Jacques Simard
Conception de la couverture : Bernard Langlois
Photo de la couverture : Didier Cailly / Images.com / Corbis
Révision : Sylvie Massariol
Infographie : Transaction Montage

Nous reconnaissons l'aide financière du gouvernement du Canada par l'entremise du Programme d'Aide au Développement de l'Industrie de l'Édition pour nos activités d'édition.

Gouvernement du Québec – Programme de crédit d'impôt pour l'édition de livres – Gestion SODEC.

Imprimé au Canada

Virginia Clarke

Le pardon

La voie du bonheur

LES ÉDITIONS

Quebecor

QUEBECOR MEDIA

Introduction

Être heureux malgré un passé douloureux, est-ce possible? Bien sûr. La démarche que vous propose ce livre vous aidera en effet à retrouver la paix de l'esprit, qui permet de s'abandonner aux délices de l'instant présent, de se sentir parfaitement calme et serein. Retrouver son équilibre intérieur, c'est ouvrir la voie à la réalisation de ses rêves, c'est faire bifurquer sa trajectoire vers des buts positifs. C'est aussi renouer avec l'estime de soi, si cruciale dans le monde d'aujourd'hui.

Face au mensonge, à la violence, au vol ou à tout autre geste pouvant nous atteindre au plus profond de nous, gestes offensants faits par un autre être humain, il est tout à fait normal de se sentir impuissant, bafoué, humilié, et il est naturel de traverser des périodes de désarroi. Mais si nous le voulons, nous pouvons mettre fin à l'offense et à l'anxiété que ces situations suscitent, nous pouvons reconquérir nos forces et notre appétit de vivre. Lorsqu'un malheur s'abat sur nous, lorsque nous nous sentons trahis, esseulés, misérables, nous croyons que plus jamais nous n'éprouverons de nouveau le sentiment du bonheur. Pourtant, quelle que soit l'offense que nous avons subie, nous pouvons, si nous le voulons, retrouver confiance en nous et en les autres, retrouver la force d'aimer véritablement et, par là même, la faculté d'être heureux.

Combien de gens se sentent blessés au plus profond d'eux-mêmes, au point où ils sont incapables d'être véritablement bien dans leur vie, dans leur peau, dans leurs amours, dans leur travail? C'est à toutes ces personnes meurtries que s'adresse cet ouvrage, à elles et à toutes celles qui, bien qu'elles ne soient pas en proie au désespoir, ne traversent pas l'existence avec autant de bonheur qu'elles le pourraient car elles traînent, tels des boulets, des sentiments négatifs dévastateurs comme la rancune ou la hargne.

Le pardon permet de se libérer de ces boulets, de les dissoudre pour de bon afin que l'énergie vitale puisse recommencer à circuler en soi, et entre les autres et soi. Le travail intérieur qu'il occasionne est si bénéfique qu'il peut transformer notre vie. Il permet d'accéder à une liberté fantastique, à un sentiment de bonheur intérieur merveilleux. Car se libérer du poids des fautes des autres, c'est reprendre possession de soi, retrouver la petite flamme intérieure grâce à laquelle on peut vivre en harmonie avec soi-même.

Le pardon représente avant tout une attitude face à la vie et aux êtres qui permet d'accéder à une joie profonde. Ainsi, il recèle une puissance inouïe. Il redonne de l'oxygène à tous les domaines de notre vie car il touche ce qu'il y a de plus profond en nous, notre moi profond, ou moi supérieur, c'est-à-dire la partie de nous qui est en contact avec la grande sagesse de l'Univers. Le pardon mène à l'harmonie du moi supérieur, que certains appellent harmonie divine, et permet d'augmenter considérablement notre pouvoir sur notre vie.

Nous vivons dans un monde où la haine et la violence occupent une grande place, et c'est pourquoi il est si important de faire en sorte que, dans notre existence, l'amour soit prédominant. L'amour, seule réponse valable à la colère, l'amour, source des plus grandes réalisations, l'amour, l'outil le plus puissant qui soit. Comment le vivre à chaque seconde? Grâce à la conscience spirituelle et au travail du pardon, qui a le formidable pouvoir de nous remettre en contact avec les forces supérieures de l'Univers.

Il n'en tient qu'à nous de nous tracer un chemin jusqu'à la sérénité. Tout au long de cet ouvrage, nous verrons de quelle façon nous pouvons remédier à la souffrance et retrouver notre force intérieure, cette force qui nous permettra d'atteindre nos idéaux ainsi qu'un merveilleux sentiment de paix et de sérénité.

Chapitre 1

Choisir le pardon, choisir la vie

Nul ne peut vivre qu'en fonction de lui-même.
Des milliers de fibres nous lient à nos frères;
parmi ces fibres, tels des liens de
sympathie, nos actions se
transmuent en cause
et nous reviennent
sous forme
d'effets.

Herman Melville

Des milliards d'êtres humains se côtoient chaque jour sur cette terre. Dans l'existence de chacun d'entre nous, les interactions avec autrui sont incessantes. En effet, si nos ancêtres, eux, pouvaient passer des semaines sur leur lopin de terre en contact avec assez peu de gens, nous sommes maintenant, pour la plupart, en interaction constante avec une foule de personnes tous les jours de notre vie. Plus ces gens sont généreux, serviables, évolués, plus nos rapports avec eux sont faciles, harmonieux, agréables. À condition, bien sûr, d'être soi-même une personne ouverte d'esprit, consciente des autres et heureuse. Car, comme nous le verrons plus loin, c'est en cultivant en soi-même les qualités qui mènent à l'état de sérénité que nous pouvons tisser avec les autres des liens riches et stimulants.

En fait, le secret fondamental des relations harmonieuses se situe à un niveau plus élevé que la politesse et le savoir-vivre. On pourrait le résumer ainsi: il est nécessaire de faire un certain cheminement en soi-même pour être capable de donner, de partager et, donc, d'établir des liens véritables. Nous l'avons tous expérimenté: lorsque nous ne cherchons qu'à prendre, qu'à recevoir, les autres nous déçoivent. Mais dès que nous nous efforçons, au contraire, de leur apporter quelque chose, de les rendre plus heureux, l'énergie de l'amour recommence à circuler librement et nous faisons l'expérience extraordinaire d'une réelle harmonie. Alors, les obstacles s'évanouissent, car nous ne voyons plus notre vie sous l'angle de notre petit moi, de l'ego. Alors, nous sommes véritablement reliés à l'énergie illimitée de l'amour inconditionnel.

Se prendre en main

Lorsque cette énergie se trouve bloquée par des événements du passé, lointains ou récents, par des outrages que nous avons jugés impardonnables, il nous faut défaire ces blocages. Ces blessures non résolues nuisent au sentiment, si précieux, de la paix intérieure. Ce sont autant de grains de sable dans les mécanismes internes de notre sérénité. C'est pourquoi le pardon est si essentiel: l'amour qu'il génère est si fort qu'il permet de vaincre la souffrance engendrée par les offenses subies. Les situations où nous pouvons avoir recours à ses bienfaits sont innombrables.

L'histoire d'Antoine illustre bien ce que le pardon peut faire pour nous quand nous croyons que plus rien ne peut guérir une peine profonde infligée par une personne que nous chérissions. Lorsqu'il était jeune, Antoine tomba follement amoureux de Loretta, une Américaine de passage au pays pour son travail. Pendant plusieurs mois, ils sortirent ensemble et vécurent une grande passion. Il était même question de mariage lorsque, sans crier gare, Loretta disparut en laissant une simple note disant que cet amour n'était pas possible. Du jour au lendemain, Antoine se retrouva seul, sans aucun élément qui pût l'aider à comprendre ce qu'il était advenu de sa bien-aimée. Il n'eut plus jamais de nouvelles de cette compagne avec qui il croyait passer le reste de sa vie.

Les premiers mois, Antoine tenta par tous les moyens de retrouver Loretta; il alla même dans sa ville natale, aux États-Unis, pour tenter de l'apercevoir par hasard, mais en vain. Il essaya par tous les moyens de savoir ce qui avait bien pu se produire. Chaque jour, il se lançait dans de nouvelles hypothèses. Avait-elle cessé de l'aimer, tout simplement? Mais pourquoi alors ce départ subit qui ne pouvait que lui causer une peine atroce? Se pouvait-il qu'elle ait été mariée et qu'elle lui ait caché la vérité tout ce temps?

Désespéré, Antoine s'épuisait à examiner toutes les hypothèses et dilapidait ainsi toutes ses forces. Il sombra même dans une dépression qui dura plusieurs mois. Il était triste et en colère, il avait perdu goût à tout et passait beaucoup de temps enfermé chez lui à ressasser sa malheureuse histoire. C'est alors qu'au travail il se lia d'amitié avec un collègue, Raymond, à qui il raconta ce qu'il venait de vivre. En fait, Antoine craignait de passer encore des années à broyer du noir, et Raymond lui conseilla de cesser de se torturer ainsi, de ne plus chercher à comprendre ce qui avait bien pu se produire dans la vie de Loretta pour qu'elle se sauve ainsi.

Raymond parla longuement à Antoine des bienfaits du lâcher-prise en ce qui concerne les situations auxquelles il est impossible de changer quoi que ce soit. Il lui prêta quelques livres sur la spiritualité et l'engagea à changer complètement sa façon de voir ce qu'il venait de vivre. «Lorsqu'une personne que nous aimons nous offense, nous blesse au plus profond de nous, lui dit-il, nous devons tout faire pour nous sortir du gouffre qui nous attire. Il faut choisir la vie, il faut choisir de recommencer à neuf. Si tu réussis à pardonner à Loretta dans ton cœur, tu réussiras à te libérer. Si tu n'y arrives pas, tu perdras des années à te morfondre.»

À partir de ce moment, Antoine cessa de se terrer chez lui. Il décida de pardonner à son ex-petite amie pour ce qui s'était produit, même s'il trouvait très difficile de ne pas savoir la vérité. Il recommença à voir ses amis et, peu à peu, remonta la pente. Un an plus tard, il rencontra de nouveau l'amour et, cette fois, aucune mauvaise surprise ne survint. C'était bien l'amour véritable. Et parfois, aujourd'hui, lorsqu'il repense à la triste fin de son histoire d'amour avec Loretta, il lui arrive de se dire que cela n'a pas eu que du mauvais puisqu'il a ainsi découvert la voie du pardon et de l'acceptation.

L'histoire d'Antoine montre bien qu'il est toujours possible de se prendre en main et de refuser de se laisser mettre K.-O. par une expérience malheureuse. Un jour ou l'autre, chacun de nous peut vivre une souffrance telle qu'il n'aura qu'une envie: se terrer dans son coin et ruminer le passé. Heureusement, il y a une autre possibilité, quel que soit le mal auquel nous devions faire face: aller de l'avant et faire le choix du bonheur en renouant avec nos forces intérieures.

Il y a toujours au moins deux voies

Devant tout conflit grave avec autrui, il existe au moins deux voies possibles: celle de la guerre et celle de la paix. L'une perpétue la douleur et la hargne; l'autre, la douceur et l'harmonie. L'une va de pair avec des relations dysfonctionnelles; l'autre permet de s'en affranchir. L'une procure un état d'agitation désagréable; l'autre, un grand sentiment de bien-être. Lorsque nous choisissons la voie de la paix, nous sommes en contact avec notre force véritable et nous faisons chaque jour l'expérience de la sérénité. Comment accéder à ce calme intérieur qui dissipe la colère et fait naître la joie? En changeant notre regard sur le passé et le présent grâce au fabuleux pouvoir du pardon.

Pardonner, c'est se donner le droit de tourner la page et, donc, de rester maître de sa vie. C'est enlever aux personnes qui nous ont fait mal le pouvoir de bloquer nos énergies vitales et de nous ralentir sur le chemin du bonheur. Ainsi, non seulement adoucissons-nous nos relations par le pardon, mais nous commençons à faire l'expérience d'une vie bonne sur tous les plans, à l'abri des affres de la rancune, de l'angoisse, de l'amertume. Il n'y a rien de plus dévastateur, de plus destructeur que ces sentiments. Ils rendent l'être humain extrêmement vulnérable et le privent des forces dont il a besoin pour être heureux, pour se réaliser, pour se lancer à la poursuite de ses rêves.

Lorsque nous choisissons la paix, le pardon, nous optons en même temps pour la douceur de vivre et le partage. Nous disons oui à la vie elle-même. Ne pas pardonner, c'est non seulement prolonger la souffrance, mais aussi la perpétuer. Car ce que nous ne parvenons pas à régler intérieurement se reflétera nécessairement dans nos pensées, dans notre façon d'être et dans nos gestes. De là la nécessité, pour atteindre la sérénité, de guérir ses vieilles blessures.

Car comment se passe la vie lorsque nous portons au fond de nous une douleur profonde? N'est-elle pas infiniment longue et désolante? N'est-elle pas empreinte d'une profonde tristesse? On pourrait croire que certaines souffrances sont indélébiles et que rien ne saurait les effacer. C'est pourtant faux. Il n'est aucun mal, aucune offense qui ne résistent au pardon. Ainsi, il est des gens qui ont été victimes de gestes horribles et qui ont réussi à pardonner grâce à une force extraordinaire, qui se trouve en chacun de nous si nous nous donnons la peine de la chercher.

Songeons, par exemple, à ceux qui ont survécu aux affres de la guerre et qui, au lieu de se maintenir dans un climat de haine, ont cru ensuite de nouveau en l'existence, en l'amour, en eux-mêmes. Ils ne se sont pas laissé détruire par les terribles angoisses qu'ils avaient vécues. Grâce à la force de l'amour et du pardon, ils ont pu recommencer à croire en l'existence, ils ont pu élever une famille, mener une carrière florissante, vivre d'immenses joies, et ils sont la preuve vivante que tout acte de haine est moins fort que l'amour de la vie. Quel que soit le mal dont nous avons pu être victimes, aussi douloureux fût-il, nous pouvons nous laisser aller à la dérive et prolonger notre souffrance ou, au contraire, avoir foi en la vie et en l'amour, qui panse toute blessure, qu'elle soit superficielle ou profonde.

Se défaire de la haine

Bien sûr, le processus du pardon ne se fait pas du jour au lendemain. Il requiert du temps et comporte plusieurs étapes, comme nous le verrons au chapitre 5. C'est un travail à ne pas prendre à la légère, puisqu'il va jusque dans les profondeurs de l'âme. C'est pour cela qu'il recèle un si grand pouvoir de transformation. Oui, cela demande un certain courage, une certaine humilité. Mais renaître au monde et à soi-même n'en vaut-il pas la peine? Devenir une personne apaisée et sereine n'est-il pas le plus beau cadeau que nous puissions nous faire?

Sans le pardon, la souffrance s'imprime en nous et nous torture à petit feu. La mémoire se fige sur l'événement douloureux et la moindre pensée vient réveiller la douleur. Tantôt cela va un peu mieux, et nous pensons à autre chose; tantôt la peine est avivée, et nous souffrons. Sans le pardon, nous sommes le jouet de l'offense subie, nous ne sommes pas une personne libre.

Vient un temps où la douleur est insupportable et finit par nous gâcher l'existence. Car si nous ne faisons pas le choix de pardonner, il y a de forts risques que nous adoptions une attitude teintée d'agressivité. Nous perpétuerons ainsi dans notre propre vie la colère dont nous avons été l'objet. Si nous optons pour le chemin de la haine et de la vengeance, nous donnerons nécessairement à cette haine un immense pouvoir sur nous, un pouvoir destructeur. Or, ce pouvoir destructeur ne fait qu'aggraver la souffrance. Ainsi, au mal subi vient se mêler le remords, la culpabilité d'avoir répondu par l'offense. Si la non-vengeance et le pardon se parent de dignité, la vengeance ne fait que prolonger la ronde du mépris et des tourments. L'entêtement à poursuivre la lutte, l'obstination à maintenir un combat ne font qu'accentuer la peine ressentie. Ne pas rétorquer agressivement à une personne qui nous a fait du mal, ce n'est donc pas être naïf, mais plutôt refuser un dialogue qui ne se déroule pas selon les règles du respect et de la bienveillance.

Cependant, le sentiment de vengeance et la colère sont parfaitement normaux, même si nous tentons parfois de les nier. Et comme nous le verrons au cours de la démarche du pardon, pour réussir à les évincer, nous devons tout d'abord admettre que nous les éprouvons. Alors seulement nous sera-t-il possible de mettre en branle le processus du pardon, qui permettra d'évincer réellement l'agressivité suscitée par l'offense. Encore une fois, cela peut nécessiter une bonne période de temps, mais il faut bien comprendre qu'une douleur profonde, qui a parfois mis des années à se forger, ne peut être évacuée en quelques jours. Toutefois, dès que le processus est mis en marche, des changements importants se produisent sur tous les plans: dans notre vie intérieure, bien sûr, mais aussi dans nos relations avec les autres et dans notre travail.

Accepter l'imperfection

Reconnaître que nous ne sommes pas parfaits constitue une étape importante sur la voie du pardon et de la sérénité. Cela permet d'accéder à une meilleure compréhension de soi-même et des autres. Ainsi, lorsque vous admettez avoir des défauts à travailler, vous acceptez que les autres en aient eux aussi et il n'est plus question pour vous de leur demander l'impossible. Vous les aimez tels qu'ils sont, et il devient alors beaucoup plus facile de créer avec eux des relations harmonieuses, qui se déroulent dans un climat de paix et de bienveillance. Les exigences sans bornes, les propos teintés d'une intolérance opiniâtre, tout cela s'estompe pour faire place à une patience pacificatrice et à un calme rassurant. En deux mots, vous devenez une personne souple, compréhensive, qu'on a plaisir à côtoyer au quotidien. En fait, vous appartenez dès lors au groupe des gens positifs, ces personnes très aimées qui voient dans toute souffrance que l'être humain peut croiser sur sa route l'occasion d'évoluer, de grandir, d'apprendre.

Changer son regard sur les autres

Les gens qui pardonnent difficilement sont souvent des spécialistes de la critique négative et aiment blâmer les autres pour un oui ou pour un non. Ils ne se rendent pas toujours compte que les autres les fuient. Bien souvent, ils ne se sont pas arrêtés pour faire le point et n'ont pas constaté que leur attitude agace et ennuie ceux qui ont envie de vivre pleinement, d'être heureux, de réaliser leurs rêves. Pourtant, une simple prise de conscience de leur attitude suffirait probablement à leur faire voir qu'ils font fausse route et qu'il vaut bien mieux encourager que critiquer. Il est facile de croire que critiquer les autres, c'est un peu les aider. Or, aider les autres consiste plutôt à les soutenir, à les réconforter et à les encourager qu'à déceler leurs travers et leurs bévues.

Avoir une attitude d'acceptation ne signifie pas que l'on ne discerne pas en quoi quelqu'un pourrait s'améliorer. Certes, l'on perçoit ce qui pourrait être affiné, ce qui gagnerait à être modifié. Mais plutôt que de s'appesantir sur ces travers, on s'attarde alors aux qualités des êtres et on les traite avec égard et patience, c'est-à-dire de la même façon qu'on aime soi-même être traité.

S'il arrive toutefois que les défauts d'une personne nous dérangent énormément et que nous ne puissions les supporter, plusieurs avenues sont possibles. Dans un premier temps, nous pouvons tenter de cerner les origines du malaise, puis voir en quoi nous pourrions modifier *notre* attitude. Dans certains cas, des liens très étroits gagnent à être distendus pendant un moment. En effet, il arrive souvent que nous étouffions l'amour en voulant le vivre trop intensément. Une bonne relation exige, pour s'épanouir, que nous lui donnions régulièrement de bonnes doses d'oxygène, d'autonomie réciproque.

Retrouver l'estime de soi

Dans tous les cas, entourez-vous le plus possible de gens qui vous énergisent et au contact desquels vous éprouvez un profond bien-être. Ne perdez pas de vue qu'une relation où vous vous sentez brimé en est une qui mine votre énergie au lieu de vous en procurer. Soyez toujours à l'écoute de vous-même et ne cultivez que les amitiés valables, empreintes d'une véritable appréciation mutuelle. Évidemment, pour cela, il est primordial de ne pas souffrir d'un manque d'estime de soi et de s'aimer vérita- blement. Or, de nombreuses personnes souffrent d'un manque d'estime de soi qui les empêche d'avoir des relations harmonieuses. Cela reflète la plupart du temps des blocages que la démarche du pardon aidera grandement à dissoudre afin que puisse renaître la précieuse flamme de l'amour de soi.

Une fois que vous avez reconquis votre estime, vous pouvez vous appliquer à améliorer votre existence. Vous ne vous contentez plus de regarder les autres vivre, vous avez plutôt envie de leur être utile. Alors, vous vivez votre existence sous le signe de l'harmonie et de l'action. Vous ne vous attardez pas à décortiquer le passé et encore moins à le ressasser. Vous vivez au temps présent. L'acceptation de ce qui est et de ce que les autres sont procure un pouvoir inimaginable: la réflexion peut enfin être utilisée dans le but de passer à l'action; elle devient naturellement action, elle vous pousse irrésistiblement en avant et vous donne envie de vous dépasser, de créer votre vie.

Le secret de la compassion

Lorsque vous faites preuve de compassion envers les autres, vous les aidez à avancer dans leur vie sans condamner leurs gestes. Vous tentez de les comprendre et de les aimer au-delà de leurs difficultés et de leurs misères. Ce n'est qu'en leur voulant du bien que vous pourrez établir avec eux une relation harmonieuse, un échange fructueux.

Faire preuve de souplesse et éviter de faire des reproches aux autres ne signifie pas que l'on doive opter pour la mollesse ou la neutralité absolue. Il s'agit plutôt d'avoir assez d'amour et de respect envers soi-même et envers les autres pour adopter des opinions et des façons de vivre qui ne sont pas forcément les leurs. En fait, lorsque vous êtes totalement en harmonie avec vous-même, vous ne ressentez pas le besoin de convaincre les autres de faire ou de penser comme vous. Vous êtes heureux dans votre propre vie, et cela vous suffit. Vous appréciez les autres tels qu'ils sont, et votre appréciation est authentique, c'est-à-dire empreinte d'un amour inconditionnel. Vous voyez leur vérité au-delà de leurs bévues, de leurs lacunes, et vous n'avez pas besoin qu'ils soient riches, savants ou célèbres pour les aimer. Vous êtes content lorsqu'ils réussissent et encourageant lorsqu'ils échouent. Vous vivez profondément l'expérience de la bienveillance et de la compassion, et vous savez faire l'exercice de vous mettre à leur place quand les motifs de leurs comportements vous échappent.

> *La qualité de l'indulgence ne se contrefait pas;*
> *elle tombe sur nos têtes comme la douce pluie*
> *du ciel; et elle est deux fois bénie; elle bénit celui*
> *qui l'accorde et celui qui la reçoit.*

> William Shakespeare

La réceptivité aux autres et l'ouverture à leur égard et envers soi-même demandent que nous options pour la générosité, l'indulgence, la douceur et la bonté lorsque tout va bien, mais aussi lorsque survient un événement difficile, qu'il s'agisse d'un pépin, d'un conflit ou d'un drame. Lorsque nous parvenons à cela, nous pouvons au quotidien faire l'expérience transcendante de l'amour inconditionnel. C'est pourquoi la démarche du pardon est si essentielle: elle renforce notre lien avec l'amour inconditionnel. Et lorsque nous laissons cet amour animer notre vie intérieure et toutes nos actions, nous semons, en nous et autour de nous, un merveilleux sentiment de bien-être.

L'esprit de réussite

Si vous avez des projets palpitants, il ne sera pas suffisant, pour les réaliser, d'y rêver confortablement assis dans votre fauteuil. Tout commence par une idée, une intuition, puis continue par un geste, puis un autre, qui donneront peut-être à votre projet une nouvelle direction. Car toute action porte en elle une multitude de directions, à condition de l'accomplir.

> *Ce n'est pas parce que j'ai réussi que je suis content: mais c'est parce que j'étais content que j'ai réussi.*

> Alain

Ainsi, si la visualisation est toujours utile et stimulante, il vous faut aller bien plus loin pour vivre vos rêves: vous devez passer à l'action. Or, si vous n'avez pas fait la paix en vous-même, votre énergie créatrice se trouve bloquée et vous n'avez pas accès à la source intarissable d'audace, de volonté, de dynamisme qui dort en vous. Là où vous pourriez éprouver le plaisir intense de l'accomplissement, il se peut que vous viviez plutôt l'inertie, l'ennui, peut-être même la torpeur et l'angoisse. Vous vous sentez alors, à un degré ou à un autre, freiné dans vos élans, coupé de votre puissance d'action.

Le pardon est si puissant qu'il peut mettre un terme à cette déperdition désolante et vous aider à rétablir votre connexion d'amour avec l'Univers. Grâce à la formidable réconciliation avec soi-même qu'il permet, vous pourrez enfin vous réapproprier vos énergies afin de faire fructifier vos talents et d'accomplir votre mission en ce monde, c'est-à-dire les rêves que vous caressez dans votre for intérieur.

Lorsque vous parvenez à vous réconcilier avec les autres et avec votre passé, vous ne vivez plus de la même façon. Il s'ensuit une paix intérieure qui vous éloigne de l'énergie néfaste et indésirable de la colère, qui libère le désir de construire et de se prendre en main. Le pardon qui procure cette réconciliation et rend possible une vie nouvelle représente en quelque sorte le moteur principal du travail intérieur. Par lui, vous pouvez ainsi vous débarrasser de tout ce qui vous empêche de vivre avec entrain, de connaître chaque jour un profond sentiment de bonheur, de focaliser votre attention sur vos objectifs et de les réaliser peu à peu.

Il faut bien comprendre que l'échec se nourrit du passé non résolu, de la dilapidation de vos forces, de la résistance à la volonté de changer. Si vous rétablissez l'harmonie en vous-même, l'échec – et les volontés inconscientes, si puissantes, qui s'y rattachent – disparaîtra et laissera la place à la hardiesse, au courage, à la volonté de réussite. La peur de foncer cédera tout naturellement le pas à l'assurance et à la détermination.

Mais déjouer des mécanismes à l'œuvre depuis plusieurs années demande beaucoup de patience et de persévérance. Toutefois, sitôt que vous percevrez les premiers résultats – un sentiment de bien-être diffus extrêmement agréable –, vous n'aurez qu'une envie: continuer dans la voie de l'épanouissement et de la réconciliation avec vous-même. Car les forces de pacification présentes en vous ne demandent qu'à être utilisées. Les mettre en action, c'est mettre en terre les germes d'une vie où, libéré de la hargne destructrice, vous pourrez enfin bâtir, agir, en un mot, être maître de votre destinée.

On pourrait dire que l'échec représente une sorte de vengeance «douce» que l'on s'inflige à soi-même pour les erreurs passées. Sur un plan inconscient, ce qui n'a pas été accepté reste alors présent et même actif. Au lieu de régler ses comptes avec le passé, au lieu de se libérer des fantômes de ce passé, la personne aux prises avec un sentiment d'échec dirige sa colère contre elle-même et sabote ses entreprises. Ce n'est qu'en faisant la paix avec soi-même que l'on pourra parvenir, dans ce cas, à une véritable libération. Ainsi, il ne faut surtout pas croire que la situation est irrémédiable lorsque nous avons du mal dans un domaine ou un autre de notre vie. Nous pouvons toujours la redresser en examinant les pensées qui nous freinent et en recouvrant, par le pardon, la sérénité propre au succès.

Guérir les blessures de l'enfance

Tout ce qui nourrit les rancunes, les haines et les pensées conflictuelles vous éloigne de votre réussite et l'entrave. Si vous souffrez d'un esprit négatif, hâtez-vous de débusquer au fond de vous ce qui a pu le créer. Vous pourrez ainsi vous en débarrasser et commencer à vivre pleinement. Au chapitre 5, nous verrons toutes les étapes à suivre pour réaliser le pardon en regard d'un événement particulier. Cependant, avant cela, il est important que, grâce à un travail d'introspection, vous vous penchiez sur les grandes difficultés auxquelles vous avez dû faire face jusqu'à présent, afin que votre démarche atteigne les profondeurs de votre être.

Il est certain que vos parents vous ont élevé du mieux qu'ils ont pu, mais qu'ils ont forcément commis des erreurs. Or il est important, pour vous sentir bien dans votre peau d'adulte, que vous leur accordiez votre pardon pour ces erreurs. L'une des grandes clés du bonheur consiste à ne pas se faire de souci pour ce qui échappe totalement à notre contrôle. Le mal que vos parents et vos proches ont pu vous faire il y a fort longtemps fait évidemment partie de ce qui échappe à votre contrôle: même si vous le vouliez très ardemment, vous ne pourriez rien y changer. Il se peut que vous vous soyez senti rejeté, il se peut que vous ayez ployé toute votre adolescence sous le poids de la tristesse ou de la révolte. Eh bien, cette tristesse n'a plus sa raison d'être aujourd'hui. Il vous faut pardonner afin de pouvoir tourner la page pour de bon, afin de pouvoir commencer à apprécier toutes les richesses que votre vie vous procure *aujourd'hui.*

Si vous croyez que vous méritez mieux que ce que vous vivez, il n'en tient qu'à vous de changer certaines choses dans votre existence, de rencontrer de nouvelles personnes, d'entreprendre des projets stimulants. Il n'en tient qu'à vous de vous bâtir une vie plus exaltante. Pour cela, la démarche du pardon en regard des offenses subies dans l'enfance vous permettra de mieux mesurer tout l'amour que vos parents et vos proches ont pu ressentir pour vous malgré leur gaucherie, leurs maladresses ou leurs erreurs. Cela demande parfois beaucoup d'efforts, mais il est important de prendre bien conscience de cet amour.

Les gens qui ont souffert du sentiment d'abandon ont généralement une grande difficulté à aborder la vie avec enthousiasme. Si c'est votre cas, lorsque vous disposerez d'une heure ou deux, je vous suggère de prendre une feuille de papier et de tracer deux colonnes. Dans la première, décrivez toutes les circonstances qui vous ont amené à ressentir l'abandon ou tout autre sentiment négatif. Replongez-vous dans votre enfance, retrouvez le petit être que vous étiez. Notez tous les effets que ces événements ont pu avoir sur votre vie par la suite. Ce sont des jalons extrêmement importants dans votre parcours et vous devez, pour surmonter le sentiment d'abandon, les cerner clairement. À présent, dans la deuxième colonne, décrivez en quelques mots tous les événements majeurs où vous avez senti que vous comptiez pour quelqu'un, ainsi que les relations où vous vous êtes senti vraiment aimé, d'amour ou d'amitié, et le nom des personnes qui ont manifesté à votre égard des sentiments beaux et profonds. N'inscrivez dans cette colonne que la description de circonstances qui ont été positives pour vous. Ici encore, revoyez-vous enfant. Revivez des moments où l'on vous a encouragé, où vous vous êtes senti stimulé, aimé, réconforté, par exemple lorsque votre mère vous endormait doucement ou qu'elle vous consolait lorsque vous vous étiez fait mal, ou encore ceux où vous avez obtenu du succès en classe ou au cours d'une activité sportive. Ensuite, relisez tout ce que vous avez écrit dans cette colonne et imprégnez-vous des souvenirs qu'ils évoquent. Fermez les yeux, revivez ces moments pendant quelques instants, puis laissez-vous envahir par l'énergie d'amour qu'ils vous rappellent.

Cet exercice vous aidera à réviser votre regard sur votre passé. Il est fréquent que l'on se souvienne davantage des moments tristes de son enfance que de ceux où l'on a ressenti l'amour de ses proches. En effet, nous avons tendance à oublier la partie de notre passé où nous avons été valorisés et à mettre l'accent sur les événements où nous nous sommes sentis blessés, trahis ou abandonnés. Une plus juste vision des événements qui parsèment votre parcours de vie englobera non seulement les situations déplorables, mais aussi toutes celles où vous avez été une personne comblée, recevant beaucoup d'affection. S'il vous arrive de vivre des moments de cafard, pensez à de belles choses que vous avez vécues, revoyez ces moments. Il est important de pouvoir se plonger à volonté dans l'énergie inépuisable de l'amour inconditionnel. Cette énergie représente un antidote efficace contre les sentiments comme le rejet ou la honte; elle aide à retrouver rapidement confiance en soi et en l'existence.

Le sentiment d'abandon

Certaines personnes supportent mal que tous n'aient pas pour elles, immédiatement, un élan d'amitié ou de sympathie. Cela relève d'une insécurité d'autant plus difficile à tolérer que dans notre existence nous croisons beaucoup de gens pour qui nous avons peu d'importance. La seule façon de bien vivre cela, c'est d'accepter pleinement cette réalité, de ne pas tenter de la changer, et de veiller plutôt à créer soi-même son bonheur. En effet, si vous êtes comblé, si vous appréciez la personne que vous êtes, si vous avez réellement confiance en vous, vous courez bien peu de risques de souffrir d'un douloureux manque d'amour et de faire partie des éternels mécontents.

L'amour de soi et l'autonomie constituent la meilleure réponse qui soit au paralysant sentiment d'insécurité.

Lorsque vous cessez d'attendre que tous vous aiment, lorsque vous acceptez de ne pas avoir une relation privilégiée avec plus de quelques personnes, vous vous affranchissez du besoin de plaire et vous pouvez enfin partir à la conquête de votre existence. Le pardon permet d'accéder à cette autonomie libératrice, d'accepter le passé et de ne plus s'empêtrer dans des situations chaotiques. En fait, sans le pardon, les rapports humains deviendraient rapidement intolérables. Heureusement, grâce à ce geste, nous pouvons nous ouvrir à une conscience spirituelle et transformer notre vie.

Observez ceux qui ont connu les pires échecs et qui ont réussi à en sortir grandis, observez ceux, autour de vous, qui sont heureux même s'ils ont affronté des difficultés majeures et traversé d'importantes périodes de crise. Vous constaterez qu'il s'agit toujours de gens qui ont appris à dédramatiser tout événement et à prendre la vie du bon côté. Et, surtout, ils ne mettent pas l'accent sur leurs problèmes lorsqu'ils ne sont pas en train de travailler à les résoudre. Ils savent mettre les tracas de côté. Ce sont aussi des gens qui n'entretiennent pas de rancœur envers les autres, qui ont appris à s'élever au-dessus des soucis quotidiens, à ne pas focaliser leur attention sur les contrariétés, à ne pas laisser celles-ci les perturber. En fait, ces gens heureux ont un réel pouvoir sur leur état d'esprit, et ils ne s'enlisent donc pas dans les pensées négatives. C'est là un des fondements d'une vie sereine et épanouie, et il est tout à fait possible pour chacun de nous d'apprendre à changer d'état d'esprit et à se relier à l'énergie des forces supérieures de l'Univers dès que l'on en ressent le besoin.

Se donner droit à l'erreur

Une erreur répandue consiste à croire que, pour s'aimer, il faut être quasiment parfait. Or, le pardon permet de s'aimer tel que l'on est, c'est-à-dire à jamais imparfait. Lorsque nous reconnaissons que nous avons droit à l'erreur, nous pouvons continuer à nous aimer malgré nos défauts, tout comme nous pouvons continuer à aimer les autres comme ils sont.

Bien sûr, l'acceptation profonde d'une nature humaine imparfaite peut s'accompagner d'une recherche constante de l'amélioration de la personne que nous sommes. Ainsi, chercher par exemple à devenir une personne plus généreuse, plus soucieuse des autres, véritablement à leur écoute, nous amènera à cultiver toujours davantage nos qualités. Chaque jour nous sont données de multiples occasions de penser aux autres et d'œuvrer ainsi à l'équilibre délicat où nous parvenons à être à la fois à l'écoute des autres et à l'écoute de soi.

Évidemment, si vous êtes capable de générosité et d'indulgence envers vous-même, vous le serez aussi envers les autres. Ainsi, vos relations avec eux sont un reflet de votre vie intérieure: si vous cultivez l'harmonie en vous-même, vous la vivrez non seulement intérieurement, mais aussi dans vos relations. Cet effet miroir représente un formidable outil pour découvrir ce que vous devez travailler intérieurement. Il s'agira par exemple, pour une personne irritable, de chercher en soi les sources de cette irritabilité désagréable, puis de la guérir grâce au pardon et à l'amour inconditionnel. Alors, les nœuds de la colère se déferont tout naturellement et le mécontentement s'estompera peu à peu. Le secret consiste ici à savoir percevoir cet effet miroir de façon à accomplir en soi une transformation libératrice. Ce travail donne lieu à une exploration palpitante, qui porte toujours fruit.

Chapitre 2

Faire la paix avec soi-même

Les blessés de la vie qui n'ont pas pardonné à la personne qui les a offensés – ou à eux-mêmes, s'il s'agit d'une erreur qu'ils ont commise – perpétuent leur rancœur à travers leur façon de penser et leurs gestes. Ainsi, ils continuent à subir, de diverses manières, les conséquences fâcheuses de fautes qui appartiennent au passé. La rancœur est toujours destructrice; elle recèle des forces négatives qui empoisonnent l'existence de multiples façons; elle provoque une douleur insidieuse qui se loge dans les replis de l'être et le prive de ses énergies vitales. C'est pourquoi la démarche du pardon proposée plus loin sera si utile aux gens profondément blessés: elle aide à mettre fin aux schèmes destructeurs de la rancœur et de la colère.

Dans certains cas, selon la nature et la gravité de ces schèmes, il peut être utile de recourir également aux services d'un thérapeute professionnel et d'entreprendre, par exemple, une psychothérapie. Il ne faut pas hésiter, lorsqu'on éprouve une grande souffrance sur le plan psychologique, à se tourner vers une personne qui nous aidera à y voir plus clair. Il revient à chacun de mettre tout en œuvre pour devenir une personne heureuse, épanouie, affranchie de tout ressentiment.

Défaire les nœuds de la colère

Chose certaine, le travail sur soi que demande le processus du pardon atteint les couches profondes de l'être. Il se répercute rapidement dans notre état d'esprit et notre façon de percevoir le monde et les autres. L'entreprendre, c'est se donner le droit d'accéder à un état de grande liberté intérieure, c'est découvrir que la vie et l'amour peuvent être bien plus forts que la colère et la haine.

Sans le désir de pardonner, de faire la paix, il est aisé de se laisser aller à la dérive, d'abandonner la partie. Nous connaissons tous des gens qui ruminent les mêmes problèmes depuis des années et se plaignent continuellement. Leur défaitisme fait peine à voir et ils sont souvent un poids pour leurs proches. On les reconnaîtra notamment aux caractéristiques suivantes:

- Ils blâment facilement les autres;

- Ils sont rancuniers;

- Ils entreprennent peu de projets;

- Ils passent beaucoup de temps à parler et peu à agir;

- Ils ont de la difficulté à prendre des décisions, même lorsqu'ils sont les seuls concernés;

- Ils découragent les autres lorsque ceux-ci leur font part de leurs rêves;

- Ils manquent de souplesse et s'adaptent mal aux changements, quels qu'ils soient;

- Ils sont facilement contrariés et maugréants;

– Ils sont portés à la méfiance;

– Ils se comparent beaucoup aux autres;

– Ils sont peu confiants en l'avenir.

Au contraire, ceux qui font preuve de souplesse et savent pardonner peuvent contourner les désagréments. De façon générale, on les reconnaît aux traits suivants:

– Ils sont optimistes;

– Ils ne ressassent pas le passé;

– Ils ne s'offusquent pas à la moindre occasion;

– Ils aiment rendre service;

– Ils réalisent leurs projets;

– Ils ne perdent pas de temps à dire du mal des autres;

– Ils ne s'attardent pas aux défauts des autres et voient plutôt leurs bons côtés;

– Ils s'adaptent facilement au changement;

– Ils tirent des leçons des difficultés qui surgissent dans leur vie;

– Ils croient en leurs rêves et en ceux des autres;

– Ils sont généreux de leur temps et aiment donner un coup de main lorsqu'ils le peuvent.

Comme nous le voyons, nous avons donc le choix entre un pôle négatif et un pôle positif, entre le pessimisme et l'enthousiasme. Chaque être humain possède en lui toutes les ressources nécessaires à son épanouissement s'il se donne la peine de les déceler, de les apprivoiser et de les utiliser. Dès lors, il dispose d'un des plus beaux joyaux qui soit: la foi en lui-même, grâce à laquelle il peut accéder à une plus grande maturité et œuvrer avec enthousiasme à la réalisation de ses rêves.

Ainsi, notre vie est à l'image de l'idée que nous nous faisons de nous. Croire que le monde entier est responsable de nos malheurs, c'est ne pas assumer la responsabilité de nos choix et remettre entre les mains des autres le pouvoir de mener notre vie. Lorsque nous parvenons à nous réconcilier avec nous-mêmes, nous faisons chaque jour l'expérience de la gentillesse, de la compassion et de la souplesse. Alors, nous devenons une personne libre: nous ne sommes plus le jouet d'une rancœur destructrice et nous cessons de nous buter à tous les obstacles qui surgissent devant nous.

Se libérer du passé

Les conflits intérieurs du passé qui n'ont pas été résolus peuvent nous empoisonner l'existence par des moyens détournés, sans que nous en soyons toujours conscients, et se traduisent souvent par des difficultés dans les relations avec les autres. Pour mettre fin à ces conflits et revenir à un état de quiétude, il est nécessaire tout d'abord de découvrir les effets négatifs que ces conflits non résolus continuent d'exercer sur notre vie amoureuse, familiale, amicale ou professionnelle.

Quel que soit l'événement passé qui nous a causé du tort, nous devons à présent décider de nous en libérer. Il se peut que nous en voulions encore à un parent, à un ami, pour une faute commise il y a des dizaines d'années. Il se peut aussi que nous nous en voulions surtout à nous-mêmes d'avoir fait un geste que nous considérons aujourd'hui comme étant idiot ou d'avoir pris de façon irréfléchie une décision lourde de conséquences. Que nous regrettions certains de nos choix déterminants ou que nous déplorions des comportements que nous avons eus envers certaines personnes, le fait de nous pardonner nous aidera à nous libérer de nos remords.

Il est temps de vous affranchir une fois pour toutes des poids qui vous accablent. Ainsi, il a pu arriver que, dans une situation donnée, vous fassiez un choix qui s'est avéré désastreux par la suite. Vous aviez mal évalué la situation, vous n'aviez pas soupesé toutes les conséquences de votre décision. Ne vous condamnez pas, cela ne servirait à rien. La condamnation, que ce soit envers les autres ou envers vous-même, mène toujours à une impasse, car elle ferme l'horizon plutôt que de l'ouvrir. Loin d'aider à faire la lumière sur une situation donnée, la condamnation bloque toutes les issues. Dites-vous plutôt que vous avez fait de votre mieux au moment où vous avez opté pour ce choix. L'important est de voir ce que cette situation a pu vous amener à comprendre. Tout événement difficile de votre vie, toute situation conflictuelle recèle une leçon, un message, et ce n'est qu'en découvrant celui-ci que vous parviendrez à faire disparaître un problème pour de bon.

Il se peut fort bien que vous souffriez toujours d'un événement qui n'a plus cours depuis longtemps. Tenace, il vous hante en sourdine et revient vous tenailler au moment où vous vous y attendez le moins, gâchant bêtement des heures de bonheur. C'est la preuve que vous n'avez pas fait la paix avec vous-même. Pour y parvenir, il est important de cerner toutes les situations du passé qui ont été un poids pour vous au cours des dernières années. L'exercice suivant vous y aidera.

Sur une feuille de papier, tracez trois colonnes. Dans la première, établissez une liste de tous les événements, récents ou lointains, qui vous tracassent inlassablement. Dans la deuxième, inscrivez pour chacun les causes objectives que vous lui attribuez. Enfin, dans la troisième, notez tout ce qui vous passe par la tête à propos de cet événement, sans exercer aucune autocensure. Il est important que vous laissiez surgir ce qui vous vient à l'esprit, même si cela ne vous semble pas sensé de prime abord.

Quel impact ces événements ont-ils eu sur votre vie? Qui impliquaient-ils? En quoi vous ont-ils affecté? Ramenez-les à la surface afin de mieux les cerner et d'en prendre conscience. Il ne s'agit pas ici de vous complaire à examiner minutieusement les fantômes du passé, mais plutôt de nommer clairement vos ennemis intérieurs et de les amener froidement à la conscience afin de mieux les chasser par la suite.

Complétez cet exercice en notant dans la troisième colonne toute nouvelle idée qui vous viendra au cours des jours suivants à propos de ces événements marquants. Puis, quelques jours plus tard, relisez tout ce que vous avez écrit et demandez aux forces de l'Univers de vous aider à vous défaire de tous les effets négatifs qui y sont liés. Si ceux-ci persistent et continuent de se manifester dans votre vie, la démarche du pardon, que nous verrons au chapitre 5, vous aidera à les résoudre définitivement.

Les vieilles rancœurs nous empêchent d'avancer, elles nuisent à nos projets en cours et freinent ceux qui pourraient éclore. C'est pourquoi il est essentiel, pour nous donner un nouveau départ, de les mettre au jour une fois pour toutes. En remontant jusqu'aux sources de la colère, de la haine, du ressentiment, nous pouvons découvrir ce qui bloque notre énergie vitale. Une fois le blocage dissipé, nous pouvons reprendre possession de cette énergie et atteindre l'harmonie intérieure.

Devenir son allié

Pour reconstruire sa vie, il faut tout d'abord être prêt à changer son regard sur soi et sur les autres. Il faut donc se donner la permission de récrire sa vie, c'est-à-dire faire le choix d'entreprendre cette démarche. Rompre avec ses habitudes, même celles qui nous rendent la vie difficile, n'est pas une chose aisée. Cela requiert un certain courage, une volonté de changer, d'évoluer, de bouleverser ses façons de penser. Mais le jeu en vaut la chandelle.

Lorsque vous vous lancez dans une telle aventure, des résistances peuvent surgir. Ce sont des attachements à la personne que vous avez été jusqu'à présent qui tentent de vous retenir sur le terrain du connu. Rien de plus normal! Après tout, se libérer grâce au pardon, c'est faire l'apprentissage d'une nouvelle vision de son passé et de soi-même, c'est s'éloigner de ce que l'on a pensé jusqu'alors. Il est très compréhensible que cela vous effraie. Mais n'ayez crainte: ces appréhensions s'estomperont au fur et à mesure que vous récupérerez vos énergies vitales et observerez dans votre vie les effets pacificateurs du processus du pardon.

> *Qu'on s'élève soi-même par soi-même; qu'on ne se plonge pas soi-même dans l'abîme, car on est à soi-même son allié, à soi-même son ennemi.*
>
> *Celui-là est à soi-même son propre allié qui a triomphé de lui-même par lui-même. Mais on se comporte envers soi-même comme un ennemi quand on est aliéné de soi-même, à la façon d'un ennemi.*

Extrait de *La Bhagavad Gîtâ*,
texte sacré hindou

C'est parce qu'il permet de devenir soi-même son allié le plus précieux, de redécouvrir le sentiment extraordinairement puissant d'être vraiment unifié que le pardon est aussi précieux. Ainsi, grâce à lui, nous pouvons apprendre à nous défaire de nos émotions négatives afin de retrouver le sentiment merveilleux de l'unité en soi, avec tout ce que cela suppose de force, de stabilité, de

solidité. Une fois que la colère, ce puissant ennemi intérieur, est évincée, nous pouvons apprivoiser la douceur
et la sérénité et nous ressentons à tout moment leurs
bienfaits sur notre esprit, notre cœur et notre âme. Alors,
nous ne sommes pas en lutte contre les circonstances.
Nous les épousons totalement. Nous sommes vraiment à
l'écoute de notre voix intérieure, si bien que le sentiment
d'être divisés s'efface. Nous apprécions pleinement le
pouvoir d'être libres.

Adopter un nouveau regard sur ce que nous avons
vécu permet de nous affranchir de toutes les haines et
rancœurs qui se sont forgées en nous depuis notre
enfance ou en regard d'un événement en particulier. Ces
émotions négatives se rattachant au passé mais qui
viennent nous perturber jusque dans le présent, nous
pouvons les éliminer en nous réconciliant avec les événements qui nous ont blessés. Ainsi pourrons-nous cesser
de répercuter, dans nos pensées et nos gestes, les blessures d'autrefois.

Cette réconciliation demande avant tout l'acceptation
des événements douloureux: lutter contre leur réalité, les
nier ne serviraient à rien. Comme nous le verrons plus
loin, une étape importante de la démarche du pardon
consiste à reconnaître les effets que les offenses ont
exercés sur nos pensées et notre comportement. Une
autre étape cruciale du processus du pardon consiste à
voir ce que ces événements ont pu nous apprendre. Tout
ce que vous avez vécu, y compris les situations les plus

difficiles, les plus pénibles, est riche d'enseignement. À travers toute souffrance, l'Univers tente de vous révéler quelque chose sur vous-même. Dès que vous comprenez l'enseignement que ces souffrances étaient destinées à vous apporter, vous ne pouvez que les accepter et les voir positivement. Cette vision de la souffrance transforme les épreuves en autant d'occasions de grandir; elle leur donne un sens et vous amène à devenir une personne plus forte et plus épanouie.

Dominer ses états d'esprit

Il n'y a pas que les lourds traumatismes du passé qui peuvent gâcher l'existence. Vous laisser tracasser par des idées négatives peut aussi vous empêcher de jouir du moment présent. Quand cela vous arrive, vous devez d'abord observer leur présence, puis prendre la ferme décision que vous ne les laisserez pas vous torturer ainsi au beau milieu de vos activités ou lorsque vous tentez de trouver le sommeil. Vous ne les laisserez pas avoir prise sur vous.

En tout temps, vous pouvez dominer vos états d'esprit. Il est important de comprendre à cet effet que les pensées sont des entités. Lorsque vous laissez pénétrer dans votre esprit des pensées négatives, celles-ci font leur chemin à toute vitesse et nuisent rapidement à votre humeur. Or vous pouvez, en toute conscience, prendre la décision de ne plus vous laisser happer par elles.

Nombre de gens laissent des pensées négatives ou des sentiments comme la tristesse gâcher une grande partie de leur temps. Ils voient en toute chose une source d'accablement ou de mélancolie et s'imprègnent intensément de ces émotions qui leur arrachent leur vitalité. En raison de leur attitude, ils sont privés de leur joie, de leur sérénité, et ne voient pas qu'ils créent eux-mêmes leur état d'esprit négatif. Il est important d'être conscient que le présent prend la forme que vous voudrez bien lui donner: il peut s'inspirer de l'atmosphère de vos malheurs passés comme il peut devenir un espace neuf, libre de toute attache, libre du passé.

Si vous êtes tiraillé par des idées négatives d'une forte amplitude et que vous ne parvenez pas à les dominer malgré des efforts soutenus, c'est sans doute que ces idées cachent des blocages importants que la démarche du pardon vous aidera à supprimer. Alliée au développement de la conscience spirituelle, cette démarche permet de chasser non seulement de lourds blocages, mais aussi les pensées parasites. Les hantises perdront alors tout leur pouvoir sur vous. Elles cesseront d'encombrer votre présent, ce qui vous permettra de vous abandonner pleinement au moment présent.

Les conflits non résolus

Lorsqu'une personne refuse de pardonner des offenses, elle reste aux prises avec des conflits non résolus et ne parvient pas à se donner véritablement à ses projets, à son travail et à sa vie amoureuse. Elle cherche à l'extérieur d'elle-même une paix qu'elle est la seule, en réalité, à pouvoir se procurer. Car cette paix, elle ne la trouvera ni dans les drogues, ni dans l'abus de nourriture ou d'alcool, ni dans les divertissements effrénés, ni dans une fuite effrénée dans le travail: tous les moyens extérieurs mis en œuvre pour combler le manque ressenti tournent à vide. Ils ne sont qu'une brève distraction à un problème fondamental: le manque d'amour de soi. C'est pourquoi les autres ne peuvent être d'aucun secours ici: il n'y a que cette personne qui puisse dissoudre, par la démarche du pardon, le sentiment négatif qui cause ce manque d'amour de soi. Ainsi, il sera nécessaire, pendant un certain temps, d'examiner son passé et de panser ses plaies profondes.

Cette démarche produit de nombreux effets, dont celui de faire taire un monologue intérieur négatif et redondant pour laisser la place au calme et à la paix de l'esprit. À mesure que la hargne s'estompe, l'anxiété et l'angoisse s'atténuent. En fait, le pardon permet de recommencer à aimer non seulement les autres, mais d'abord soi-même. C'est ce qui provoque une révolution fantastique, qui atteint les profondeurs de l'âme.

Découvrir la compassion, c'est découvrir la véritable ouverture d'esprit – envers les autres et envers soi-même –, mais c'est aussi être en mesure de reconquérir sa confiance en soi, cet outil merveilleux qui permet de se surpasser. Comme l'a dit le dalaï-lama dans l'ouvrage

L'art du bonheur, «les grandes figures spirituelles sont celles qui ont fait le vœu d'éradiquer tous les états d'esprit négatifs afin d'être en position d'aider tous les êtres doués de sensation dans leur quête du bonheur. Ils ont cette vision et cette aspiration, qui requièrent une énorme confiance en soi. Cette confiance est capitale parce que c'est elle qui vous donne l'intrépidité d'esprit qui accompagne l'accomplissement des plus hautes ambitions».

La compassion a des effets immensément bénéfiques par l'afflux d'amour constant qu'elle entraîne. Toute l'énergie qui se trouvait bloquée ne demande alors qu'à être utilisée. Le monologue intérieur axé sur la plainte, propre à la victime, disparaît peu à peu. Nous faisons la paix avec notre enfant intérieur, qui détient les secrets de notre bonheur. Par la compassion à l'égard de soi-même et des autres, nous purifions notre esprit, nous le nettoyons des rancunes les plus tenaces. Nous accédons alors à la paix de l'esprit et à un réel pouvoir sur notre existence.

Le pouvoir de changer

Lorsque nous amorçons le processus du pardon et que nous parvenons à dissoudre nos blocages, nous entrons de plain-pied dans un grand renouveau et nous avons naturellement une nouvelle vision de notre passé. Chose formidable, nous en venons à apprécier tout ce que nous avons vécu, y compris les épreuves. Nous découvrons avec stupeur que nos blessures recelaient de précieux secrets, et la découverte de ces secrets nous transforme. Nous nous lançons avec ardeur dans la réalisation de nos désirs, et plus rien ne fait obstacle à notre volonté de les accomplir. Il n'y a plus de division, plus de bataille en soi. Et si, malgré nos efforts, nos désirs ne se matérialisent pas, nous acceptons sans peine cette réalité car nous nous accordons aux lois de l'Univers, nous sommes à leur écoute.

Ainsi, la réconciliation avec le passé vous rendra plus libre que toutes les fortunes que l'on pourrait vous offrir. Quand vous vous défaites du ressentiment et de la haine, vous faites l'expérience de l'amour inconditionnel dans toutes les sphères de votre vie, vous n'êtes plus attiré par les comportements destructeurs. Les sentiments comme la hargne ou l'amertume n'ont plus d'emprise sur vous et vous devenez beaucoup plus réceptif aux émotions positives. Vous êtes aussi davantage à l'écoute de votre intuition. Vous ne vous contentez pas d'analyser les situations et d'user de discernement, vous faites confiance à votre instinct.

> *Apprenez à faire confiance à vos propres voix. Apprenez à les réentendre. Apprenez à croire. Essayez! Vous ne saurez pas tant que vous n'aurez pas essayé. Mais quand vous l'aurez fait, vous saurez que vous êtes fidèle à vous-même et que ce que vous faites est bien pour vous.*
>
> Leo Buscaglia

Lorsque nous nous réconcilions avec nous-mêmes, nous brisons le mythe de l'aspiration à la perfection et nous aimons véritablement notre vie telle qu'elle a été jusqu'à présent, sans chercher à y changer quoi que ce soit. Nos déceptions, nos tourments, nos chagrins, tout ce qui constitue la personne que nous sommes, nous l'acceptons. Et si nous avons prononcé des paroles offensantes ou fait des gestes que nous regrettons, nous pouvons effectuer le processus du pardon afin de faire la paix avec nous-mêmes. Ainsi, nous pourrons renouer avec le plein amour de soi et être totalement en possession de nos forces.

Une fois que nous sommes en paix avec nous-mêmes, nous pouvons faire face à n'importe quelle situation et nous ne comptons plus sur les autres pour nous apporter la joie. Nous la vivons en nous-mêmes, nous la générons nous-mêmes. Nous ne vivons pas dans l'attente des événements, puisque nous créons notre vie. Voilà pourquoi il est si bénéfique d'accepter le passé et de se réconcilier avec lui à travers la démarche du pardon. Transformer son regard sur le passé, voilà la clé d'une vie sans regrets et, surtout, sans animosité envers soi-même.

Chapitre 3

Stopper les comportements autodestructeurs

Tout guerrier de la lumière a eu peur
de s'engager dans le combat.

Tout guerrier de la lumière a trahi
et menti par le passé.

Tout guerrier de la lumière a déjà
perdu la foi en l'avenir.

Tout guerrier de la lumière a souffert
pour des choses sans importance.

Tout guerrier de la lumière a douté
d'être un guerrier de la lumière.

Tout guerrier de la lumière a manqué
à ses obligations spirituelles.

Tout guerrier de la lumière a dit oui
quand il voulait dire non.

Tout guerrier de la lumière a blessé
quelqu'un qu'il aimait.

C'est pour cela qu'il est un guerrier de
la lumière; parce qu'il est passé
par toutes ces expériences
et n'a pas perdu l'espoir
de devenir meilleur.

Paulo Coelho, *Manuel du guerrier*
de la lumière

La colère et tous les autres sentiments dévastateurs comme la rage ou la rancœur peuvent donner naissance à une foule de schèmes perturbateurs, qui prennent le plus souvent la forme de conflits dans les relations avec les autres ou de problèmes de dépendance. Ceux-ci sont très perturbateurs et peuvent même s'avérer tyranniques. En fait, lorsqu'une personne est aux prises avec l'une ou l'autre des manifestations de la colère, elle vit de grands tourments car elle n'a pas la maîtrise d'elle-même. La démarche du pardon peut aider à retrouver cette maîtrise de soi et à reprendre possession de son existence. Pour cela, il est nécessaire de faire la paix avec les événements non résolus qui sont à l'origine de la colère.

Cerner les causes

Pour réaliser la démarche du pardon qui vous permettra de résoudre ces dépendances, vous devez commencer à vous aimer véritablement. Pour y parvenir, vous devez prendre conscience que toutes vos expériences, même celles qui vous semblent les plus désastreuses, renferment un grain de sagesse qui ne demande qu'à porter fruit.

Lorsque vous ne parvenez pas à décoder ce que renfermait pour vous une expérience douloureuse, vous pouvez demander aux forces spirituelles de l'Univers de vous envoyer des réponses à cet effet. Que ce soit sous forme d'intuition, à travers une lecture ou une conversation, ces forces vous éclaireront, elles vous transmettront des messages et vous soutiendront. Prenez conscience que vous n'êtes pas seul dans ce monde: vous êtes relié à tous les êtres vivants ainsi qu'à ces forces puissantes qui peuvent non seulement vous réconforter quand vous en avez besoin, mais aussi vous guider sur la voie de la sagesse.

Quand une personne reproduit des schèmes destructeurs répétitifs qui prennent la forme de problèmes liés à des drogues, à la nourriture ou à des relations dysfonctionnelles, il est important qu'elle cerne avant tout les origines profondes de cette souffrance. Que s'est-il passé pour que naisse la dépréciation de soi qui a suscité de tels comportements? Voilà ce qu'il faut tout d'abord découvrir. C'est là le premier pas de la guérison: reconnaître l'existence d'un problème, puis tenter de déceler ses causes. Cela peut sembler simpliste, trop facile. Et pourtant, c'est l'une des voies les plus sûres lorsque nous voulons mettre un terme à tout ce qui nous éloigne du sentiment de bien-être, lorsque nous sommes prêts à tout pour nous débarrasser d'une habitude néfaste, qui nous empêche d'être en paix avec nous-mêmes.

Dissoudre la rage

Quand vous luttez contre une dépendance et que vous traversez des périodes au cours desquelles vous vous sentez vulnérable ou fragile, demandez aux forces supérieures de l'Univers de vous insuffler le courage nécessaire pour résoudre les conflits intérieurs – récents ou lointains – qui vous ont amené à vivre cette dépendance. Une fois que vous aurez cerné les origines de ces conflits, prenez le temps d'effectuer le processus du pardon. Il est fréquent que celui-ci s'adresse à un parent ou à un proche pour des blessures survenues dans l'enfance ou à l'adolescence et qui ont engendré des sentiments tels que la rage, la révolte ou la frustration. Encore présents même s'ils sont enfouis très loin dans l'inconscient, ces sentiments négatifs continuent d'alimenter l'autodépréciation ou la haine de soi qui ont donné lieu à des attitudes ou à des gestes autodestructeurs. Par le travail spirituel du pardon, nous pouvons dissoudre ces sentiments négatifs ainsi que les comportements qu'ils ont causés, afin de renouer avec nos forces vitales et reprendre le contrôle de notre vie.

Transformer ses énergies négatives

Se donner la peine de faire le point sur le passé à l'intérieur d'une démarche sincère, c'est retrouver la liberté, mais aussi la paix du cœur et de l'esprit. La colère s'estompe peu à peu, et la violence dirigée contre soi se dissipe à mesure que les nœuds de la colère se défont. Une nouvelle vision des choses émerge alors, grâce à laquelle même les expériences difficiles peuvent être mises à profit. Car le pardon aide à dissoudre les maux qui ont causé la dépendance, mais aussi à rompre avec le lourd sentiment de culpabilité qui a pu en découler. Il nous permet de retrouver l'amour de nous-mêmes, qui, à son tour, nous permet de nous sentir en totale harmonie avec l'Univers.

Il est nécessaire, pour réaliser le processus du pardon, de comprendre en son for intérieur toutes les raisons de ce que nous avons vécu. Cela exige que nous nous interrogions sur les événements qui ont mené au comportement autodestructeur. C'est là une étape indispensable de la démarche purificatrice qui nous permettra de nous débarrasser des énergies négatives qui nourrissent ce comportement. Généralement, celui-ci repose sur une recherche d'intensité qui sera vécue autrement une fois la démarche du pardon terminée: une puissance d'action sera débloquée qui donnera lieu au déploiement d'énergies positives, orientées vers un bien-être merveilleux.

Augmenter son pouvoir sur soi-même

Évidemment, pour vaincre une dépendance, il ne servirait à rien de se condamner, de se blâmer. Il faut, au contraire, retrouver le respect de soi et le désir de recommencer à faire attention à soi. S'aimer tel que l'on est, malgré ses blessures, c'est s'autoriser à se donner toutes les chances de l'emporter sur ses schèmes destructeurs. Ceux-ci peuvent être vus comme une occasion de développer sa force et son amour de soi. De fait, ils procurent la possibilité de faire un précieux travail intérieur. Ainsi, on pourra non seulement surmonter l'obstacle, mais aussi devenir un être plus fort. Cela peut sembler difficile à croire, et pourtant, c'est possible: au lieu de glisser vers l'amertume, on bifurque vers une renaissance. Les traumatismes, les chocs et les schèmes destructeurs causés par la colère mènent à un enrichissement lorsqu'ils permettent de découvrir les outils précieux que sont la compassion et la bienveillance envers soi-même et les autres. Toute souffrance est formatrice à condition que nous saisissions le message qu'elle contient. Si nous découvrons celui-ci, nous parviendrons à dénouer la situation conflictuelle et à y mettre fin.

De plus, une fois que nous sommes parvenus, grâce au processus du pardon, à dominer nos dépendances, nous sommes capables de comprendre la souffrance des autres. Nous sommes plus ouverts d'esprit et nous ne les jugeons pas lorsqu'ils sont eux-mêmes aux prises avec de graves problèmes. Nous sommes capables de bonté, de bienveillance, et notre compassion est véritable. Nous pouvons aussi jouir pleinement du présent et apprécier la lumière des êtres humains, la chaleur du soleil ou la beauté de la nature.

Les questions à se poser

Encore une fois, les relations de dépendance et les diverses formes de compulsion, qu'elles soient liées à l'alimentation, à l'alcool, à la drogue ou au jeu, proviennent d'une blessure, d'une angoisse que l'on tente ainsi de fuir. Un événement n'a pas été intégré, une période difficile n'a pas été assimilée. Pourquoi? Qu'essaie-t-on d'oublier ainsi? Y a-t-il quelque chose d'angoissant que l'on tente d'étouffer en se détruisant à petit feu? Il est important que nous nous posions des questions qui nous feront avancer sur la voie d'une réconciliation lorsque nous sommes aux prises avec ce type de problème. En découvrant ce qui a pu nous entraîner dans une chute ou dans la haine de nous-mêmes, nous pouvons avoir une prise sur le problème. Et, une fois les causes cernées, le processus du pardon nous aidera à nous purifier de la souffrance. Ainsi, nous pourrons rétablir dans notre vie l'amour inconditionnel envers nous-mêmes et envers les autres.

Une victoire sur la drogue et l'alcool

L'histoire d'Amélie démontre bien que nous pouvons à tout moment nous prendre en main et retrouver la maîtrise de notre vie. Lorsque je l'ai rencontrée, il y a plusieurs années, elle avait de graves problèmes d'alcool et de toxicomanie. Elle consommait de la cocaïne depuis plusieurs mois et avait sombré peu à peu dans le désespoir. Il n'était plus possible pour elle de se sentir bien lorsqu'elle n'avait pas pris de la drogue, et elle se voyait de jour en jour devenir encore davantage l'objet des substances qui la détruisaient petit à petit. Elle buvait également beaucoup d'alcool et avait en grande partie perdu la maîtrise d'elle-même. Elle avait perdu l'équilibre intérieur qui fait que l'on se sent centré et en contrôle de sa vie.

Quand je l'ai revue par hasard, quelques années plus tard, elle était complètement sortie de sa terrible expérience, elle avait réussi à vaincre ses dépendances. Elle m'a raconté qu'au plus bas de cette période désastreuse, elle avait eu une petite révélation, qui avait ranimé en elle l'étincelle de vie. Elle avait soudain pris conscience que ses parents, qui avaient été très durs envers elle pendant toute son enfance, l'avaient aimée malgré tout. Elle leur en avait toujours voulu de ne pas lui avoir donné assez d'affection et de ne pas avoir assez cru en elle, et voilà qu'elle se rendait compte qu'elle devait leur pardonner. Elle avait compris aussi qu'elle devait se pardonner d'avoir eu des problèmes de drogue et recommencer, malgré toutes ses mésaventures, à s'aimer véritablement.

Amélie avait donc décidé d'accorder son pardon à ses parents et de faire la paix avec son passé. Cela lui permit de retrouver l'estime de soi et de se lancer à la conquête de sa vie. Pour la première fois, elle fut capable de forger un plan d'action pour venir à bout de ses dépendances. La découverte de la compassion envers les autres et envers elle-même changea le cours de son existence. Elle accepta son enfance et elle se réconcilia avec ses parents, qu'elle n'avait pas vus depuis plusieurs années. Ainsi, l'expérience de renouer avec l'amour inconditionnel transforma radicalement sa vie. Amélie se détacha naturellement des comportements qui ne faisaient que la détruire, elle recommença à faire confiance à son intuition et à suivre sa voix intérieure. Ensuite, une foule d'événements, petits et grands, lui permirent d'avancer peu à peu vers une vie simple et équilibrée.

Voilà donc ce qu'elle me raconta, le visage épanoui, quand je la rencontrai quelques années plus tard. Ce n'était plus la même femme. Elle avait su tirer parti de son passé douloureux, elle y avait puisé un enseignement qui lui avait donné une ouverture d'esprit extraordinaire. Depuis, chaque fois que j'aperçois quelqu'un qui souffre d'une dépendance à la nourriture, aux drogues, à l'alcool ou au jeu, je sais qu'il est possible pour cette personne de s'en sortir si elle fait les prises de conscience et le travail sur soi que la libération requiert.

Dans certains cas, il peut être utile de suivre une thérapie ou une cure de désintoxication. Chose certaine, aucun défi n'est au-dessus des forces de l'être humain s'il retrouve sa foi en lui-même. Et ceux qui parviennent à vaincre des difficultés telles qu'un problème d'alcool ou de drogue peuvent ensuite se servir des énergies ainsi libérées pour avancer à grands pas sur le chemin de l'accomplissement. Tout drame comporte des leçons, et même lorsque l'ego se trouve brisé par la souffrance, des bonds prodigieux peuvent être franchis concrètement et sur le plan spirituel.

Les bienfaits de la délivrance

Les techniques de contemplation et les enseignements spirituels permettent d'accéder sans aucun artifice à la douceur d'être, au sentiment de plénitude. Alors, il n'y a plus tentation de fuir la réalité. On a plutôt envie de l'épouser totalement. Il existe un bonheur inouï: c'est celui d'être là où l'on est, et pas ailleurs, d'être la personne que l'on est, et pas une autre. Développer la bienveillance envers soi-même grâce à la démarche du pardon et aux enseignements spirituels mène à l'affranchissement des souffrances que les offenses ont engendrées. Par la réconciliation avec soi-même qu'il suscite, le pardon dissout les blessures du passé et le labyrinthe d'incompréhension qui en avait découlé.

Ce travail, il n'y a que vous qui puissiez l'accomplir, mais vous ne serez pas la seule personne à en bénéficier. Quand nous sommes capables de bienveillance et de douceur envers nous-mêmes, nous le sommes aussi envers les autres. Une fois que nous commençons à nous aimer, nous attirons à nous l'amour et nos relations avec les autres, même nos proches, ceux qui sont depuis toujours dans notre vie, s'en trouvent profondément transformées. Voilà que nous faisons preuve avec eux d'une plus grande ouverture d'esprit, d'une gentillesse redoublée, d'une indulgence que nous ne soupçonnions pas en nous. Ce sont les fruits immensément bénéfiques de notre démarche, et nous pouvons les apprécier chaque jour.

Une fois que nous avons une nouvelle vision de notre passé, nous pouvons en reprendre possession, nous nous délivrons des fantômes qui nous troublaient, avec leur cortège d'idées noires et de pensées moroses. La lumière de l'amour universel nous apparaît, si apaisante qu'elle nous guérit de toutes les offenses subies. Nous pouvons dès lors accomplir notre mission en ce monde. Car chacun de nous a une mission. Si vous ne l'avez pas encore découverte, c'est simplement que vous devez défaire l'écheveau trouble du passé afin de retrouver le fil de lumière qui vous unit à l'Univers. Vous renouerez ainsi avec le merveilleux sentiment de la joie, qui vous procurera l'énergie nécessaire à l'accomplissement de tous vos rêves.

Les dépendances ne sont donc que des embûches qu'il est possible d'écarter pour de bon de son chemin en renouant avec son être profond. Cela peut se faire à travers le processus du pardon et l'acceptation totale de ce qui a été vécu. Ce contact avec son être profond permet d'accéder aux trésors de la sagesse intérieure qui dorment en chacun de nous. Dès lors, il n'y a plus désir de fuir dans des paradis artificiels ou de plonger dans des relations de codépendance. L'être profond est en contact avec les forces supérieures de l'Univers et, donc, avec l'énergie la plus puissante qui soit, celle de l'amour inconditionnel.

Lorsque vous avez fait la paix en vous-même, vous n'éprouvez plus d'attirance pour l'autodestruction, vous êtes plutôt happé par tout ce qui élève votre niveau de conscience spirituelle. Vous vous éloignez sans effort des situations chaotiques et vous vous désintéressez des gens qui pourraient vous entraîner dans de telles situations. Vous recherchez souvent le calme, car il convient à votre état d'esprit. Vous orientez vos énergies vers la mise au point de solutions à vos problèmes et vous faites confiance à votre intuition afin qu'elle vous guide sur la voie d'un mieux-être toujours accru.

Renouer avec son être de sagesse

L'épanouissement spirituel permet de se dépasser et d'atteindre un bien-être intérieur qu'on croyait jusque-là impossible. Il aide à dissoudre les colères qu'on a pu éprouver contre un modèle dominant de l'enfance, par exemple un père écrasant, et libère ainsi de l'instabilité que les blocages du passé ont pu engendrer. Alors, il n'est plus question de détester qui que ce soit: la compassion remplace la haine et toute tentative d'autodestruction s'évanouit d'elle-même. C'est ainsi que beaucoup de gens déjà ont vaincu des dépendances qui étaient en train de ruiner leur vie. En retrouvant la foi en eux-mêmes, en recommençant à s'aimer et à aimer les autres, ils ont pu s'affranchir de schèmes destructeurs et rebâtir leur vie.

Il n'est aucun défi au-dessus de nos forces lorsque nous renouons avec notre être de sagesse. Le processus du pardon décrit au chapitre 5 permet cette prodigieuse transformation grâce à laquelle les énergies ne sont plus dilapidées dans des fuites insensées, mais utilisées pour réaliser nos objectifs de vie. Une réaction en chaîne négative est ainsi rompue au profit d'un investissement créatif des énergies vitales. Vous devenez alors un être libre et maître de votre destinée, pouvant créer le futur dont vous avez toujours rêvé. Le processus du pardon implique que vous ne voyiez pas vos schèmes destruc- teurs comme des échecs, mais comme des étapes qui vous ont permis d'accéder à une plus grande réalisation de vous-même. Lorsqu'ils sont perçus ainsi, les schèmes destructeurs cessent d'engendrer la honte de soi et l'autodépréciation. Ne perdez pas de vue que toute expérience constitue un maillon de votre évolution.

Découvrir ses forces cachées

C'est donc en mettant fin aux conflits en nous-mêmes que nous pouvons les dénouer dans nos paroles et dans nos actes. Cela se fait par la reprise de contact avec notre moi profond, à travers la découverte d'une nouvelle perspective de nos souffrances passées. Dans cette perspective, aucune erreur n'est indélébile: la compassion peut tout dissoudre. Elle efface la douleur enfouie au fond de nous et nous donne la force nécessaire pour prendre nos distances avec ce qui nous est néfaste.

L'émergence de la bonté fondamentale n'est pas sans demander un défrichage: des années de manque d'estime de soi et tout ce qui a pu s'ensuivre ne peuvent se dissiper en un clin d'œil. Mais ce travail, une fois accompli, modifie profondément l'existence, de telle façon que les expériences difficiles que la dépendance a entraînées seront perçues comme autant de leçons de vie ayant permis la découverte de ses forces cachées. Comme nous le verrons plus loin, cela nécessite une prise de conscience et une responsabilisation de ses actes. Mais le résultat est extraordinaire: c'est comme si l'on passait de la cacophonie à l'harmonie. Ainsi, toute dépendance renferme en elle-même les germes de la liberté.

Chapitre 4

Harmoniser ses relations

Je crois que l'homme fera plus que durer; il prévaudra. Il est immortel, non pas parce que de toutes les créatures il est le seul dont la voie est infatigable, mais parce qu'il a une âme, un esprit capable de bonté et de compassion.

William Faulkner

Vivre à plusieurs constitue une expérience exigeante, qui demande que l'on soit capable de mettre de côté son ego pour penser aux autres, pour les comprendre. Sans générosité, la vie en groupe recèle une foule d'occasions de souffrir et de voir sa patience entièrement minée. Heureusement, en développant l'esprit de compassion, nous pouvons faire en sorte que nos relations soient empreintes de respect et de bonté.

Cela demande non seulement que nous puissions pardonner, mais aussi que nous soyons capables de nous excuser ou de demander pardon lorsque nous offensons quelqu'un. Comme le dit Sharon Wegscheider-Cruse, «nier sa responsabilité quand on a causé du tort à quelqu'un ne peut que renforcer le sentiment de culpabilité. Le meilleur moyen de se soulager, c'est d'endosser la faute pour ses actes, de demander pardon et de réparer les dommages causés». Vivre dans un esprit de bienveillance ne veut pas dire que nous ne puissions pas faire des erreurs. Il peut arriver à tout le monde de blesser sans le vouloir une personne aimée et d'être aux prises avec des sentiments négatifs comme l'envie ou la jalousie, qui peuvent entraîner des paroles malheureuses. Dans ce cas, reconnaître ce qui s'est produit et demander pardon à la personne offensée aura pour effet de dissoudre immédiatement le conflit potentiel.

La plupart du temps, c'est l'ego qui amène à vouloir dominer les situations et les gens. Lorsque vous sentez que votre ego tente de vous attirer dans des voies obscures, reprenez contact avec la simplicité de l'enfant en vous. Observez les mécanismes qui vous divisent et tentent de vous entraîner vers le chaos, et lâchez prise. Toute tentative de dominer les autres ou de vous rendre indispensable à leurs yeux est inutile et ne peut mener qu'à l'échcc. C'est au contraire en respectant l'espace entre eux et vous que vous parviendrez à instaurer des relations saines et harmonieuses.

Les scénarios diaboliques imaginaires

Le manque d'estime de soi peut prendre plusieurs visages, et nous devons faire attention de ne pas être le jouet d'une crainte injustifiée des autres, qui peut engendrer un manque d'amour dans notre vie.

Ainsi, certaines personnes croient que les autres cherchent fondamentalement à leur nuire et vivent jusqu'à un certain point dans la peur. Or, c'est là une grave erreur, une autre façon de semer le germe de l'inimitié et de la discorde. En effet, si nous voyons en toute personne la menace d'un pouvoir sur nous, nous perdons l'enthousiasme premier qui peut surgir entre l'autre et nous, et nous nous privons ainsi d'une amitié qui pourrait naître et fleurir.

> *Notre civilisation nous apprend constamment à être méfiants. À ne pas faire confiance. À ne pas croire. À avoir peur de tout! Ce que nous faisons en fin de compte, c'est que nous construisons des murs de plus en plus hauts pour nous protéger les uns des autres! Je ne veux pas être protégé contre vous. Je ne veux, au contraire, que plonger en plein milieu de vous. Je veux faire l'expérience de vous.*

> Leo Buscaglia

La peur engendre la méfiance et le doute, la peur tisse des liens troubles. Elle se lit dans le regard et peut même gouverner nos comportements. Nous en débarrasser, c'est dire non à une vision des autres qui nous cache la magie qu'ils portent en eux, c'est permettre aux autres de nous parler sans avoir à déjouer notre méfiance. Ouvrons-nous à eux, faisons-leur confiance, et ils feront de même avec nous. Cela ne signifie pas que nous devions tisser des liens d'amitié avec toute personne que nous croisons, mais que nous pouvons être véritablement ouverts aux autres, libres de préjugés.

Certaines personnes croient très facilement qu'elles sont l'objet de quelque sombre machination. Il est aisé de laisser vagabonder son imagination dans les méandres de nos peurs, surtout quand nous nous sentons fatigués, fragiles, peu sûrs de nous. Or, il n'y a rien de plus nuisible à la sérénité que la peur des autres et la crainte constante qu'ils nous veulent du mal.

Tant que nous n'avons pas acquis un certain pouvoir sur nous-mêmes, nous ne sommes pas à l'abri de ces ennemis de notre bien-être. Nous nous menons la vie dure, et nous pouvons ainsi devenir la personne la plus hostile qui soit envers... nous-mêmes! Imaginer sans raison que quelqu'un cherche à nous faire du tort signifie avant tout que nous ne nous faisons pas confiance.

Ce type de peur se nourrit à même un manque de confiance en soi et révèle une grande insécurité, et il peut être très utile, pour s'en débarrasser, d'utiliser le processus du pardon. En effet, la peur est signe d'un traumatisme ou d'un blocage non résolu qui peut être mis au jour et vaincu.

Quand votre imagination commence à vous jouer des tours et tente de vous faire voir les autres comme des êtres vils, prêts à vous piéger au premier détour ou ne cherchant qu'à vous entraîner dans de sordides complots, demandez-vous s'il vous serait possible d'envisager les choses de façon radicalement différente: il y a fort à parier que personne ne vous veut du mal et que vous soyez en train de projeter votre propre insécurité sur le comportement des autres. La plupart du temps, ce simple recul suffit à dissiper l'état désagréable dans lequel la peur peut nous entraîner. Celui-ci étant très tenace, il peut être nécessaire de répéter souvent cet exercice qui consiste à se détacher de ses projections mentales en en prenant conscience. Le faire par écrit nous y aidera. Il s'agit de noter en détail notre vision première d'un événement, puis de nous efforcer de le décrire comme une autre personne pourrait le voir de l'extérieur. Cela permet de prendre conscience de l'importance de notre interprétation par rapport à toute situation. Nous mettrons ainsi le doigt sur certains de ses aspects qui nous avaient jusqu'alors échappé. Et, surtout, nous nous affranchirons de nos fausses perceptions face aux événements.

Lorsque nous nous sentons attaqués, nous adoptons vis-à-vis des autres une attitude défensive qui peut à son tour engendrer la méfiance. Ce peut être alors le début d'une spirale négative que nous alimenterons sans toujours en avoir bien conscience. Si certaines de vos relations sont tendues, insatisfaisantes, il est probable que les grands responsables soient vos peurs mêlées à celles des autres. Il est important, dans ce cas, de découvrir d'où viennent vos craintes afin de vous en débarrasser. Si vous sentez qu'elles sont fortement ancrées en vous, vous pouvez demander aux forces supérieures de l'Univers de vous aider à vous en libérer. Pour ce faire, avant de vous endormir le soir ou après une séance de relaxation, adressez-vous aux forces spirituelles de l'Univers afin qu'elles vous libèrent de tout ce qui vous empêche d'avancer, de vous réaliser et d'avoir des relations harmonieuses au travail et avec vos proches. Demandez-leur de vous envoyer des signaux qui vous permettront de mieux comprendre vos blocages afin d'être en mesure de les dissoudre. Dans les jours suivant votre demande, vous aurez probablement des intuitions à ce sujet, qui vous permettront de progresser dans votre travail sur vous-même.

Bannir l'esprit de condamnation

Chacun de nous a ses parts d'ombre et de lumière. Chacun de nous se débat du mieux qu'il peut. Certains dépassent les limites, ils vont vraiment trop loin et ont des comportements qui nous choquent. Pourtant, même là, malgré notre indignation, nous devons tenter de les comprendre et avoir pour eux de la compassion.

> *Aimez et ne jugez pas.*
> *Si vous voyez un homme pécher mortellement*
> *Haïssez le péché mais ne jugez pas l'homme.*
> *Ne le méprisez pas. Ne méprisez personne.*
>
> Léon Chancerel, *Le chant d'Assise*

Il ne sert à rien de blâmer les autres et de chercher à les changer du tout au tout. Lorsque vous êtes insatisfait en regard d'une situation, demandez-vous de quelle façon vous avez vous-même permis à cette situation d'exister. Que pourriez-vous faire pour y remédier? Quelles actions pourriez-vous entreprendre?

Il se peut que vous deviez vous accorder votre propre pardon pour être capable de vous extirper d'une grave erreur que vous avez commise. Dans ce cas, prenez le temps de faire la démarche décrite au chapitre 5. Cela vous permettra de prendre conscience des sentiments négatifs qui vous animent. Chose certaine, l'esprit de condamnation ne vous aiderait en rien: il ne changerait rien au passé et amoindrirait votre présent. Il vous laisserait impuissant et aigri. Vous devez plutôt percer les raisons profondes des choix inconscients que vous avez faits dans le passé.

Vous puiserez dans la démarche du pardon un respect des autres et de soi qui imprégnera une grande douceur à vos relations avec les autres. Il ne faut pas oublier que celles-ci ne sont qu'un reflet de votre vie intérieure. «Si vous aimez ou détestez quelque chose chez autrui, c'est que vous l'aimez ou le détestez chez vous», écrit Chérie Carter-Scott. Ainsi, un manque de respect envers soi attirera immanquablement un manque de respect de la part des autres.

Lorsque nous vivons en harmonie avec les forces supérieures de l'Univers, nous sommes naturellement attirés par les gens qui nous encouragent à être totalement nous-mêmes et qui apprécient nos qualités. Si nous sommes conscients de notre richesse intérieure, nous ne serons pas portés à condamner les autres. Il se peut que nous n'approuvions pas toujours leur comportement, mais dans ce cas, nous pourrons prendre le temps d'en parler calmement avec eux, sans agressivité.

> *Celui qui veut parvenir à la sagesse doit ne tromper personne, n'éprouver de haine pour personne, ne jamais désirer nuire dans la colère. Il doit ressentir pour toutes créatures un amour immense, comme celui d'une mère pour son fils unique, qu'elle protégerait au risque de sa propre vie. Là-haut, ici-bas, et tout autour de lui, il doit faire rayonner son amour, qui ne connaît ni bornes ni obstacles, qui est dégagé de toute cruauté et de toute animosité. Qu'il soit debout, assis, en marche ou couché jusqu'à ce qu'il s'endorme, il doit maintenir son esprit dans la pratique de la bonne volonté envers tous.*

Le Bouddha

Être utile aux autres

Nous pouvons faire en sorte de débloquer le chemin qui mène aux autres plutôt que d'y poser des embûches. Une fois pacifiés grâce au processus du pardon, nous ne cherchons plus à aider les autres, quels que soient leurs échecs. Nous tentons de voir de quelle façon nous pouvons être utiles aux gens que nous aimons. Nous ne sommes pas à l'affût de leurs défauts ni de leurs lacunes. Nous les aimons tels qu'ils sont.

L'attitude du pardon représente le plus haut degré de l'amour. Lorsque nous expérimentons au quotidien ce que certains appellent la générosité active, nous cherchons davantage à donner qu'à recevoir. Et parce que nous donnons beaucoup, nous recevons beaucoup.

Aimer les autres tels qu'ils sont, c'est-à-dire d'un amour inconditionnel, c'est respecter le chemin qu'ils ont choisi. Il n'est pas possible de leur être utiles lorsque nous nous dressons contre eux. Même si nous reconnaissons, par le processus du pardon, qu'ils ont pu nous blesser et nous faire subir des moments éprouvants, nous ne devons pas chercher à les culpabiliser. Cela ne donnerait rien. De la même façon, lorsqu'une personne veut s'accorder le pardon à elle-même en regard d'un geste qu'elle regrette, la culpabilité et le remords ne lui seront d'aucune aide. Il sera plutôt nécessaire de comprendre pourquoi le geste a été fait, de déceler ses causes profondes. C'est alors que se produit une chose formidable: la compassion envers soi-même délivre de la culpabilité. La peine et la souffrance s'effacent alors, et la liberté refait surface. Une fois le processus terminé, nous sommes enfin libres des entraves de la souffrance et nous pouvons réaliser nos rêves. Plus rien ne bloque le canal qui nous unit à l'énergie des forces supérieures de l'Univers, plus rien ne nous empêche d'agir et d'être utiles aux autres.

Le respect de soi

Même lorsque vous vous sentez lésé par quelqu'un, vous pouvez ne pas prendre parti contre cette personne. Vous pouvez vous montrer indulgent tout en faisant le nécessaire pour vous dégager de la situation si vous le désirez. Car la liberté n'est pas que le privilège des autres, c'est aussi le vôtre. Ne tolérez pas que l'on vous manque de respect, faites en sorte de fréquenter le plus possible des gens qui vous aiment, vous estiment et croient en vous.

Grâce au pardon, toute personne peut se prendre en main en éliminant les obstacles qui l'empêchaient d'être sereine. Il peut arriver que l'on se sente lié aux autres à travers les offenses qu'ils nous ont fait subir. Cet attachement à la souffrance est assez fréquent chez ceux qui se complaisent dans une attitude de victime. Le problème ici, c'est que cet attachement à la souffrance empêche de vivre sa vie, de l'habiter véritablement, d'être tout à fait soi-même. Lorsque les blessures sont guéries grâce au pardon, l'attitude de victime tombe d'elle-même. Alors, nous pouvons nous lancer avec enthousiasme dans l'aventure de notre vie. Le mal subi aura donc été une occasion de mieux se connaître et de plonger en soi afin d'y découvrir des trésors insoupçonnés. La constellation d'énergies positives qui en découle donne lieu à une véritable métamorphose.

Une grande erreur consiste à se forger une pauvre image de soi en raison des échecs ou des offenses subies. Lorsque nous prenons conscience que les offenses subies ne diminuent en rien notre valeur, nous recommençons à croire en nous, à nous aimer. Le pardon et la compassion permettent de regagner le respect et l'amour de soi, indispensables à la paix intérieure.

Le pardon et l'amour

Dans les rapports amoureux, le pardon est crucial car il redonne à chacun, après un différend ou un conflit, la possibilité de renaître aux yeux de l'autre. Il permet de recréer l'état d'amour inconditionnel avec l'être aimé. Alors, les conflits n'ont pas de prise sur le couple, qui n'accumule pas les frustrations ni les rancunes. Chacun évolue donc dans un climat de concorde où il peut s'épanouir pleinement.

Inutile de se le cacher, il y a forcément toujours quelque chose, dans une relation, qui nous ennuie et nous agace, qu'on aurait aimé changer chez l'autre. Or, renoncer à ce que l'autre ne nous procure pas ouvre la voie à l'harmonie. Cela consistera à se dire par exemple: «J'aurais aimé que telle chose soit différente, mais ce n'est pas le cas, et je l'accepte. J'aime cette personne telle qu'elle est.»

L'amour véritable n'est pas possible sans un profond respect de l'autre. Le pardon et l'acceptation sont au cœur même de ce respect. Beaucoup de gens éprouvent de la difficulté à dire oui à l'autonomie de l'être cher. Ils voudraient avoir leur mot à dire sur son emploi du temps, ils ont de la difficulté à passer du temps seuls, ils nourrissent un sourd ressentiment face à l'autre car ils se sentent facilement exclus, rejetés. Devenir soi-même un être libre et autonome en mettant fin aux blocages du passé non résolu permet de remédier à ce type de problème et de bâtir une relation saine et équilibrée avec l'être aimé.

Éviter la rupture

L'intolérance et le manque de compréhension ne mènent pas à l'amour serein, mais à un climat de discorde qui finit par être insupportable. Dans un tel climat, l'amour perd tant de force qu'il ne peut survivre longtemps. Le couple s'effrite alors de plus en plus, car il n'est pas nourri par l'énergie de l'amour, du partage, de la compassion. Chacun se replie sur lui-même et nourrit sa colère à travers un monologue intérieur plein de négativisme. Chacun se sent lésé et seul.

Avant qu'il soit trop tard, il est grand temps de changer d'attitude, de recommencer à se parler, de rétablir un climat d'entente. Pour cela, il faut ouvrir son cœur et, en évitant de s'emporter, de dramatiser, il faut dire à l'autre ce que l'on ressent, ce qui, dans son comportement, nous blesse ou nous effraie. On veillera ici à être honnête, à être vrai. Si l'autre nous a offensés, le processus du pardon décrit au chapitre suivant nous aidera à faire la paix avec lui et à retrouver l'harmonie grâce à l'énergie curative de l'amour inconditionnel.

Lorsque vous faites face à des problèmes de couple, ayez conscience que vous ne ferez qu'empirer les choses en vous lançant dans d'amers reproches ou en adoptant une attitude vindicative. De telles dispositions ruine-

raient vos chances de sauver votre couple. Si, au contraire, vous abordez la situation avec optimisme et si vous
décidez de trouver coûte que coûte une solution aux
problèmes en question, il est fort probable que ce simple
changement d'attitude redonnera à votre relation la vitalité nécessaire pour dénouer le conflit. Dans le cas contraire, ne vous plaignez pas et ne blâmez pas l'autre: ce
serait non seulement inutile, mais nuisible.

Demandez aux forces supérieures de vous aider à
comprendre la situation. Ne perdez pas de vue que la
franchise, la gentillesse et la compassion vous permettront toujours de mieux passer à travers un conflit, quelle
qu'en soit l'issue, que la malveillance, la ruse et l'esprit
de calcul. Même en cas de rupture, ne considérez pas
l'autre comme un ennemi. Fuyez les pensées négatives et
les émotions dévastatrices. Concentrez-vous plutôt sur
les moyens de reprendre votre vie en main.

Guérir les plaies du cœur

Que faire si l'être aimé vous quitte et si vous êtes envahi
par une profonde détresse? Tout d'abord, acceptez
votre tristesse, laissez-la être pendant un certain temps,
donnez-vous le droit de la vivre à fond, puis efforcez-vous
de passer à autre chose, de laisser la vie vous prouver
que vous pouvez être aimé de nouveau. Pour cela, vous
devez accepter la réalité et, surtout, ne pas cesser de vous
aimer.

Vous pouvez faire la démarche du pardon décrite plus loin pour vous sortir plus aisément de cette situation éprouvante. Vous ferez ainsi la paix en vous-même, ce qui vous permettra ensuite d'avoir une vie amoureuse harmonieuse. Il se peut que vous ayez besoin, pour cela, de mieux comprendre ce que vous avez vécu jusqu'à présent dans votre vie amoureuse. Beaucoup de gens souffrent d'un grand manque d'estime de soi et d'un sentiment d'autodépréciation aigu, si bien qu'ils croient ne pas mériter d'être aimés. Il en résulte la plupart du temps des problèmes de dépendance, de relations dysfonctionnelles ou de solitude farouche. Or, on peut vaincre ce type de problèmes grâce au développement de la conscience spirituelle.

Il est souvent nécessaire de clarifier sa vision du passé pour pouvoir à nouveau s'aimer et être aimé. Si vous charriez dans votre cœur une peine reliée au passé, vous devez d'abord la chasser, la dissoudre, sans quoi vous ne pourrez vivre une relation heureuse. En délivrant votre cœur de ses souffrances grâce au pardon, vous pouvez retrouver foi en vous-même et en les autres. La blessure ou l'offense auront ainsi été profitables, elles auront donné lieu à une meilleure connaissance de soi et à l'amour de soi.

En fait, c'est dans nos relations amoureuses et familiales que nous pouvons le mieux prendre le pouls de notre évolution. Si nous vivions retirés, seuls au monde, comment pourrions-nous mesurer l'impact réel de notre façon de voir? La vie au quotidien avec les autres est fabuleuse: elle nous donne la possibilité de constamment mettre en pratique ce que nous savons en théorie. Nos relations avec les autres nous permettent de mesurer notre gentillesse, d'exercer notre compassion, de travailler sur nos défauts. Sans les autres, nous ne saurions pas où nous en sommes, nous ne pourrions donner ni recevoir, nous ne pourrions chercher à améliorer la personne que nous sommes, à devenir toujours meilleurs. Œuvrer à cette recherche sans fin fait sans doute partie des défis les plus difficiles mais les plus passionnants que nous ayons à relever pendant notre court séjour ici-bas.

Le souci de vérité

Une vie amoureuse épanouie exige de grands efforts pour comprendre l'autre lorsque surviennent les inévitables désaccords. Elle exige aussi que l'on soit capable de reconnaître ses torts lorsqu'on a commis une erreur. Le souci de vérité envers soi-même et les autres est à la base des relations heureuses; c'est le matériau premier de la confiance entre deux personnes, et nous devons veiller à l'entretenir avec soin.

Il peut arriver que vous sentiez en vous-même ce souci de vérité vaciller, que vous soyez en proie à une certaine confusion. Dans ce cas, prenez davantage de temps, dans votre vie de tous les jours, pour vous retirer afin de faire de la méditation, de la relaxation ou des lectures de textes spirituels. Demandez aux forces spirituelles de l'Univers de vous aider à vous sentir mieux et à retrouver la sérénité. Lorsque vous aurez quelques minutes de solitude devant vous, faites une liste des événements les plus marquants que vous avez vécus dans l'année qui vient de s'écouler. Revoyez-les rapidement et demandez-vous si l'un d'eux a pu vous troubler plus que vous ne le pensiez. Si vous croyez que l'un de ces événements peut être à la source d'un certain malaise, prenez le temps de voir si vous pourriez faire quelque chose, concrètement, pour vous sentir mieux. S'il est trop tard, demandez à l'Univers de vous aider à dégager des leçons de cet événement afin d'être capable de faire la paix en vous-même.

Pour s'abandonner totalement au présent et s'épanouir dans sa vie amoureuse, on ne peut traîner avec soi les boulets du passé: on doit faire le nécessaire pour s'en délester. Abandonner ses échecs et ses tourments, c'est s'ouvrir non seulement au présent mais aussi à l'inconnu, c'est accepter la formidable aventure qu'est l'inconnu. Dès lors, il n'est plus question de s'accrocher à des plaintes, à un monologue intérieur défaitiste auquel on a fini par s'habituer. Il se peut donc que nous nous sentions effrayés devant la possibilité d'une vie nouvelle, où nous retrouvons le fil qui nous relie à notre force vitale. Mais comment ne pas choisir cette voie une fois que nous sommes conscients de tout le bonheur qui l'accompagne?

La réconciliation avec soi-même permet de se relever et de ne plus attendre pour agir, pour accomplir ses rêves, pour être heureux. Attendre, ce serait demander à l'être cher de combler vos désirs, ou, si vous êtes seul, rester inactif jusqu'à ce qu'il y ait quelqu'un à vos côtés pour commencer à vivre. Dans les deux cas, cela revient à compter sur une autre personne pour répondre à un manque.

Lorsque, au contraire, vous parvenez à faire la paix en vous-même, vous pouvez aussi faire la paix avec les autres. Vous pouvez vous épanouir pleinement. Dès lors, que vous soyez seul ou avec quelqu'un, vous n'êtes pas à la remorque d'autrui pour vous sentir bien. Vous êtes heureux, et, puisque vous êtes heureux, vous pouvez être avec quelqu'un qui l'est aussi, vous pouvez entrer en relation avec une personne autonome, responsable de son bonheur.

Vaincre les obstacles à l'harmonie

Tout ressentiment non résolu met des barrières entre vous et l'être aimé, entre vous et vos rêves. C'est pourquoi la démarche du pardon procure des bienfaits extraordinaires. Se libérer du ressentiment permet de se relier à l'énergie de l'amour inconditionnel envers soi-même et envers l'être aimé. Les couples où chacun est capable de pardonner lorsqu'il s'est senti lésé ou rejeté sont ceux qui ont le plus de chance de durer. Après un conflit, il est ainsi possible d'oublier la discorde et de recommencer à neuf. À l'abri des frustrations, des non-dits et des rancunes, le couple peut donc évoluer dans un climat de confiance. Les querelles n'ont pas beaucoup de pouvoir sur un couple où chacun pratique le pardon: elles ne naissent pas ou, si cela arrive, elles disparaissent facilement grâce à un dialogue franc et à une recherche constante du bien-être de l'autre et de soi-même. Alors, la générosité n'est pas qu'un vague concept, elle est vécue à travers toutes les circonstances qui s'offrent à nous. Le développement spirituel permet de surmonter les obstacles auxquels se butent beaucoup de gens, il donne accès à une relation empreinte de bonté, de respect et de gentillesse, une relation baignant dans l'amour.

Chapitre 5

La démarche du pardon authentique

Il est normal qu'une offense légère provoque en nous un embarras, un sentiment de gêne. Qu'on nous ait manqué de respect ou fait une remarque blessante, et nous sentons immédiatement une perte d'énergie, un malaise. Quelque chose en nous se trouve bloqué, l'amour qui nous anime, pendant quelques minutes, est perturbé.

Une grave offense a des effets bien pires. Elle peut éveiller l'effroi, le désespoir, l'angoisse, un sentiment d'anxiété tel qu'il nous semble inimaginable, du moins pendant quelque temps, qu'il puisse disparaître un jour. Pourtant, toute plaie du cœur et de l'âme peut être guérie si l'on se donne la peine d'entreprendre la démarche du pardon. S'ensuivra un renouveau si extraordinaire que l'on en viendra même à vivre de façon plus intense qu'auparavant.

Ainsi, si vous avez traversé une épreuve si terrible qu'il vous arrive de croire que votre vie est gâchée à tout jamais, rassurez-vous: il n'en est rien. La pire des offenses ne pourrait vaincre la vie qui vous anime. Toutefois, dans les moments où vous avez tendance à l'oublier, quand le désespoir vous envahit, pensez que l'être humain possède d'infinies ressources et que, même si cela peut paraître invraisemblable de prime abord, il peut toujours transformer en force constructive l'énergie négative de la révolte, de la rage ou de la tristesse. Ce travail de pacification si libérateur, vous pouvez l'entreprendre seul ou avec l'aide d'un thérapeute si vous le jugez nécessaire.

Les motifs qui peuvent amener à entreprendre la démarche du pardon sont innombrables. Ils peuvent toucher toutes les sphères et toutes les phases de notre vie. Voici quelques-unes des situations qui peuvent nous amener à l'entreprendre:

- Nous avons été victimes de cruauté mentale ou de violence physique;

- L'être aimé nous a été infidèle;

- Nous avons été victimes de mensonge ou de manipulation;

- Nous avons souffert d'une enfance marquée par l'absence d'un parent;

- Nous avons eu des parents trop autoritaires;

- Un collègue de travail nous a fait du tort;

- Nous avons été injustement traités par un groupe de personnes;

- Un ami cher nous a laissés tomber sans raison;

- Nous nous sommes sentis rejetés par un proche;

- Quelqu'un nous a insultés ou a eu des propos très durs envers nous;

- Nous nous en voulons pour avoir tenu des propos blessants à quelqu'un ou pour lui avoir menti ou causé du tort de quelque autre façon.

Le pardon peut donc s'adresser à un proche, comme un parent, notre conjoint ou un ami, ou à des gens que nous côtoyons régulièrement, comme des collègues de travail ou des connaissances. Il peut concerner un ensemble de personnes, par exemple une compagnie où nous avons travaillé ou une association dont nous avons fait partie. Il peut aussi s'adresser à nous-mêmes, qu'il s'agisse d'une étourderie que nous avons commise quand nous étions adolescents, d'une période difficile où nous avons tout envoyé promener, d'une dépression que nous avons traversée, d'une dépendance à la nourriture ou à une drogue, d'un manque d'amour à l'égard d'un parent ou de tout autre proche, d'une décision que nous avons prise.

Quelle que soit la situation qui donne lieu à la démarche du pardon, il est possible de mettre fin à la souffrance qu'elle a engendrée.

L'importance du corps

Les émotions négatives comme la colère, le chagrin et le ressentiment compriment le corps, et le stress qu'elles causent peut entraîner des maladies psychosomatiques plus ou moins graves. C'est pourquoi il est essentiel de les déloger, de ne pas les laisser imprégner notre corps. Sous l'effet des émotions négatives, l'organisme fabrique des hormones de stress qui peuvent avoir des conséquences très néfastes, particulièrement au niveau du cœur. Il faut donc évacuer ces émotions, ce à quoi nous aidera le processus du pardon. Pour accélérer celui-ci, il est très utile de pratiquer également des activités physiques. En effet, la démarche du pardon ne doit pas rester qu'une expérience intellectuelle. Pour atteindre un apaisement profond, il est recommandé de faire de longues promenades plusieurs fois par semaine et, si possible, de recevoir des massages régulièrement. Accordez-vous fréquemment aussi de longs moments de détente, prenez des bains aux huiles essentielles, dorlotez-vous. La sensation d'être bien ancré dans son corps facilite tout travail d'ordre psychologique et spirituel.

Si vous avez des crises d'angoisse ou d'anxiété d'une telle force qu'elles vous effraient, consultez un médecin afin de faire le point sur votre état de santé et tâchez de vous détendre. Appliquez-vous à avoir en tout temps une respiration profonde. Abaissez les épaules, ouvrez la poitrine et inspirez bien, jusqu'au bas-ventre. Pendant vos marches à l'extérieur, concentrez-vous sur votre souffle, particulièrement sur votre expiration. Videz votre esprit de toute préoccupation, de tout souci ou de toute pensée parasite, et ne pensez qu'au moment présent. Songez que rien ne vaut la peine de gâcher votre promenade et laissez-vous absorber par la beauté du paysage, du ciel, des arbres, de tout ce qui vous entoure. Ces moments vous procureront un grand apaisement et faciliteront votre travail sur vous-même. Le yoga et la méditation peuvent aussi être très bénéfiques. Ils procurent un sentiment de bien-être intérieur et une tranquillité d'esprit très propices à la démarche du pardon. Les exercices du chapitre 7 sont aussi recommandés: ils accroîtront votre force vitale.

Les quatre étapes du pardon

Si vous êtes présentement le jouet d'une situation où vous vous sentez pris en otage, la démarche du pardon vous donnera le courage nécessaire d'y mettre fin. Avant de vous décrire les quatre étapes de cette démarche, j'aimerais vous rappeler que cette entreprise dans laquelle vous avez décidé de vous lancer vous apportera une grande force. Une fois vos résistances vaincues, une fois que vous accepterez de laisser tomber la haine, vous accéderez à un état d'amour formidable, qui redoublera votre joie de vivre.

Continuer à cultiver l'esprit de rancune ne pourrait apporter dans votre vie que des énergies destructrices. En vous tournant vers le pouvoir de l'amour, vous découvrirez en vous-même une source incommensurable de vie et de paix. Si vous trouvez ce cheminement difficile par moments, rappelez-vous que vous œuvrez en fait à votre bonheur futur et à votre succès.

Étape 1: Reconnaître sa blessure

Il ne sert à rien de faire semblant qu'on ne ressent aucune douleur: cela ne la fera pas disparaître. La toute première étape du pardon consiste à reconnaître pleinement votre souffrance. Ne la fuyez pas, ne l'amplifiez pas, voyez-la simplement telle qu'elle est. Acceptez le fait que vous la ressentez.

Pour mettre fin à une souffrance, il est important d'abord de la reconnaître et d'accepter de la vivre. Que vous soyez en proie à la colère, au chagrin ou à la tristesse, autorisez-vous, dans un premier temps, à vivre cette souffrance. Dites-vous par exemple: «Oui, cet événement m'a fait terriblement mal. J'ai éprouvé un abominable sentiment d'impuissance et d'humiliation.»

Par écrit, racontez ce qui s'est produit et tous les effets qui en ont découlé, sur tous les plans: dans votre vie amoureuse, familiale, professionnelle et sociale. Décrivez tous les visages que la colère ou le chagrin ont pu prendre. Peut-être cet événement marquant vous a-t-il rendu désagréable envers vos proches, peut-être vous a-t-il ralenti dans votre travail ou amené à vous renfermer sur vous-même. Notez tout ce qu'a pu engendrer dans votre vie, sur le plan concret, cette blessure ou cette situation offensante.

Dans un deuxième temps, décrivez les effets qui sont survenus sur le plan psychologique. Comment vous êtes-vous senti au moment où les choses se sont déroulées? Dans quel état d'esprit cela vous a-t-il plongé? Fermez les yeux un moment et revivez l'émotion éprouvée. Représentez-vous la scène ou la situation et tentez de trouver les mots les plus appropriés pour la dépeindre. Écrivez tout ce qui vous passe par la tête à propos de cette situation. Que s'est-il passé dans les jours qui ont suivi?

S'il s'agit d'un comportement qui a persisté pendant plusieurs années, comment votre frustration s'exprimait-elle au quotidien? Quelles pensées revenaient régulièrement vous hanter? Laissez libre cours à vos idées sur la question, sans exercer aucune autocensure.

Si vous parvenez à déterminer tous les rouages de votre douleur, vous devriez pouvoir discerner ce qui provient d'une autre personne, dans cette situation, de ce qui *vous* appartient. Il arrive souvent, par exemple, que des gens supportent qu'on se comporte envers eux de façon inacceptable. La prise de conscience inhérente à la démarche du pardon leur donnera alors la force nécessaire pour changer les choses. En effet, en reconnaissant tout le pouvoir qu'elles ont elles-mêmes donné à une autre personne, il leur sera beaucoup plus aisé de reprendre les rênes de leur existence. Cela s'applique particulièrement aux relations de dépendance.

Pour illustrer ce phénomène, laissez-moi vous raconter l'histoire de Sarah, une infirmière qui m'a confié récemment de quelle façon le pardon avait transformé sa vie lorsqu'elle traversait une période extrêmement pénible de son existence. Elle était alors mariée à un homme qui lui manquait totalement de respect, jusqu'à être parfois violent envers elle. Le pardon l'aida énormément à se sortir de cette impasse. D'abord, elle prit conscience qu'elle était la seule à pouvoir mettre fin à sa souffrance et qu'elle devait, pour cela, admettre à quel point elle se sentait peu aimée. Pendant plusieurs mois, elle accorda son pardon à son mari ainsi qu'à elle-même. Elle parvint à mettre au jour la cause de son incapacité à fuir un homme avec qui elle ne pouvait être heureuse, c'est-à-dire un sentiment d'abandon ressenti dans l'enfance. Dès qu'elle comprit ce qui avait provoqué chez elle son sentiment d'impuissance dans sa relation amoureuse et dès qu'elle se pardonna à elle-même, elle arriva sans difficulté à quitter cet homme.

Peu après, Sarah rencontra son compagnon de vie actuel, avec qui elle a une relation stable et équilibrée. On voit bien ici que le pardon peut être l'outil précieux de l'affranchissement et d'une reprise de contrôle sur soi-même. Comme Sarah, chacun de nous détient le pouvoir de défaire les nœuds qui l'oppriment et de modifier les circonstances extérieures de sa vie.

Faire une prise de conscience

À cette première étape de la démarche, autorisez-vous dans un premier temps à ressentir votre souffrance, à l'observer. Prenez pleinement conscience de la colère, de la tristesse, de la rancune ou de tout autre sentiment négatif qu'a suscité l'offense. Cela vous préparera à vous en défaire pour de bon. Il est probable aussi que vous éprouviez un fort sentiment d'humiliation, qui sera encore plus prononcé si le geste a été fait par une personne aimée, à qui vous aviez accordé votre confiance.

Le déni de la douleur produite par la blessure est un mécanisme de défense naturel qu'il faut absolument briser pour se libérer de l'offense. Si vous vous cachez à vous-même le mal ressenti, rien ne peut être accompli. Tout commence là, dans cette reconnaissance de la douleur. N'oubliez pas que, pour avoir un impact réellement puissant dans votre vie, votre démarche doit s'inscrire à l'intérieur d'une quête de sens, qui doit elle-même reposer sur une intense recherche de la vérité.

En décrivant par écrit les émotions que vous avez ressenties, vous parviendrez plus aisément à les nommer avec exactitude et à faire la lumière sur votre pensée. Il est naturel de chercher à refouler sa peine, sa détresse, son chagrin. Mais bien que le détachement soit le but ultime de cette démarche, il est nécessaire, en premier lieu, de s'ancrer totalement dans l'expérience vécue.

Étape 2: Décider de pardonner

C'est ici que vous touchez au pivot de toute la démarche: plutôt que d'entretenir un ressentiment, plutôt que de cultiver de vieilles rancœurs, vous pouvez mettre en mouvement des énergies positives. Il peut être bon, à ce point-ci, d'examiner un peu ce qui se produira si vous ne parvenez pas à pardonner: vous vous ferez du mal en entretenant des sentiments négatifs, et cela se répercutera de toutes sortes de façons dans votre existence.

Les sentiments négatifs prennent des formes diverses et peuvent assombrir chaque moment de la vie. Leur pouvoir est immense, malheureusement; c'est pourquoi il faut veiller à s'en défaire promptement. Ne pas tourner la page sur une offense subie, ce serait laisser libre cours à ces énergies destructrices et se priver d'un merveilleux état d'amour.

Choisir de ne pas blâmer une personne ou soi-même ne veut pas dire, cependant, que l'on ne reconnaisse pas que cette personne a mal agi, que l'on fasse soudainement comme s'il ne s'était rien produit. Il s'agit plutôt d'adopter une attitude d'acceptation vis-à-vis de ce que vous ne pouvez changer, puisque le mal est déjà fait, tout en vous octroyant le pouvoir de transformer votre présent. Il ne faudrait pas croire que le pardon mène à la résignation et à la mise de côté du jugement critique. Au contraire, la prise en main de votre destinée passe par la libération que le pardon procure. Car l'offense entraîne un ressentiment qui devient en quelque sorte une prison. Lorsque nous en voulons beaucoup à une personne, nous sommes liés à elle par une chaîne cosmique extrêmement puissante, que seul le pardon peut briser. En consentant à pardonner, vous supprimez ce lien, vous brisez cette chaîne: vous vous libérez vous-même et vous libérez votre offenseur.

Renoncer à la vengeance

Avoir envie de se venger est un réflexe bien naturel lorsque nous éprouvons une grande souffrance, lorsqu'on nous a blessés. Nous pouvons même alors facilement imaginer toutes sortes de scénarios où l'autre se trouverait malheureux par notre faute, en quelque sorte puni de nous avoir trompés. Évidemment, si nous passons à l'action, nous vivrons dans la peur que l'autre décide à son tour de se venger de l'offense subie. Emprunter ce chemin, c'est se préparer à bien des moments d'angoisse: la guerre est ouverte, tous les coups sont permis et toute dignité est mise au rancart. Chacun tente sans cesse de calculer ce que l'autre fera, de quelle façon il rétorquera, chacun vit dans la crainte. Qui pourrait en toute conscience choisir un chemin qui compte autant de souffrance? Nous pouvons, au contraire, juger préférable de ne pas perpétuer le mal qu'on nous a fait, et c'est là un moment crucial du processus du pardon.

Décider de ne pas se venger, de ne pas commencer ou continuer la guerre, constitue un geste d'amour envers soi et envers autrui. C'est aussi une formidable preuve d'humilité. Ne pas rétorquer lorsque quelqu'un nous a fait du tort, dire non au désir légitime de représailles permet de ne pas disperser ses énergies positives dans un combat stérile et destructeur.

Si vous décidez de faire confiance au pouvoir guérisseur de l'amour, soyez assuré que c'est cela que vous recevrez bientôt en retour. Si vous optez pour l'amour, vous obtiendrez l'amour. Ainsi, la résolution de ne pas se venger est sans contredit le plus beau cadeau que vous puissiez vous faire: vous semez alors la sérénité dans votre propre vie, en plus de démontrer à la personne qui vous a nui qu'il est possible de choisir la voie de l'amour. Pardonnez-vous d'avoir eu ce désir de vengeance et demandez aux forces supérieures de l'Univers de vous aider à maîtriser l'instinct naturel de l'agressivité.

L'important ici est d'amener l'ego à se détacher de l'idée de dominer la situation. Il faut bien voir que ce qui souffre en nous lorsqu'il y a eu offense, c'est l'ego. L'ego se trouve à la source d'une foule de maux, comme l'attitude de victime et l'apitoiement sur soi-même. L'ego tente aussi de nous faire croire que notre souffrance sera sans fin. Or, il n'est aucune blessure de l'âme qui ne puisse être guérie par l'amour inconditionnel.

Cette forme d'amour assez puissante pour donner la force de lâcher prise représente la plus belle réponse qui soit à tout affront. Cette réponse est possible lorsqu'il y a renoncement à toute forme de vengeance et que nous avons le désir sincère de mettre fin à la souffrance. Cependant, pour être efficace, le pardon ne doit pas être qu'une suite de mots qui sonnent bien, il doit venir du cœur. Comme l'a dit le Dr Maxwell Maltz, dans son livre *Psychocybernétique*, «le pardon, quand il est réel, authentique, complet et oublié, est le scalpel qui permet d'enlever le pus des vieilles blessures émotionnelles, qui les guérit et fait disparaître le tissu cicatriciel. Le pardon partiel, fait à contrecœur, ne vaut pas mieux qu'une opération inachevée du visage. Ce pardon prétendu tel, qu'on accomplit comme un devoir, n'est pas plus efficace qu'une chirurgie faciale simulée».

dialogue ne peut être imposé. Dans ce cas, vous complé-
terez seul la démarche du pardon.

Même chose si cette personne a disparu de votre vie,
qu'elle soit décédée ou partie au loin. Écrivez-lui une
lettre – que vous ne lui enverrez pas, bien entendu – dans
laquelle vous lui racontez comment vous avez vécu ce qui
s'est passé et pourquoi vous vous êtes senti blessé. Dans
un deuxième temps, décrivez ce que vous savez de sa
situation dans cette période de sa vie et cherchez à
comprendre ce qui l'a amenée à vous causer du tort.
Faites l'exercice de reconstituer sa perspective des événements. Voyez quelles raisons ont pu l'amener à faire
des gestes offensants à votre égard. Cette personne tra-
versait-elle une période dépressive ou une révolte envers
son milieu familial? Vivait-elle des conflits importants
dans le domaine du travail? Était-elle dans une période
de crise qui la rendait colérique, agressive ou amère? Il
est vrai que cela ne justifie rien. Mais les comportements
déplorables ont une cause, ils s'expliquent toujours.

Si vous cherchez à comprendre plutôt qu'à condamner, vous vous situerez d'emblée du côté de l'amour, qui
dissout les tensions, les mésententes et le chaos. Vous
suivrez la voie qui mène à l'harmonie et à la lumière. En
plus de cet exercice d'écriture, vous pouvez, si vous en
sentez le besoin, vous confier à une personne proche,
ayant dans votre vie une présence rassurante. Le simple
fait d'exposer un épisode troublant de votre vie à quelqu'un qui vous aime et en qui vous avez une grande

confiance allégera votre fardeau. Si la solitude et le silence sont essentiels au travail du pardon, le dialogue et le réconfort peuvent aussi contribuer à modérer la souffrance. Le simple fait de parler à quelqu'un, de raconter son histoire, aide à clarifier sa pensée et à démystifier l'événement.

Dans le cas où la personne concernée a accepté de parler avec vous de l'épreuve que vous avez traversée, prenez rendez-vous dans un endroit neutre, comme un restaurant ou un café dans un quartier éloigné de l'endroit où vous habitez, de façon à ne pas être dérangés. Même s'il s'agit de quelqu'un avec qui vous vivez, il est préférable d'avoir cette conversation dans un autre lieu que la maison afin de lui donner d'emblée une portée particulière.

Commencez par exposer clairement la façon dont vous vous sentez et dont vous avez vécu l'offense. Ne dramatisez pas les choses, gardez la tête froide. Dites ce que vous avez ressenti sans chercher à accuser l'autre. Expliquez-lui comment vous avez vécu la situation, faites en sorte qu'en vous écoutant il ait l'impression de la vivre lui-même, d'être à votre place. Décrivez en détail les sentiments que vous avez éprouvés. Ainsi, cette personne pourra comprendre pleinement la portée de son geste. N'ayez pas l'attitude de quelqu'un qui accuse, mais plutôt celle de quelqu'un qui cherche à comprendre. Le succès de cette rencontre repose sur cette nuance. Si vous estimez avoir vos torts, parlez-en également. Il est important que vous reconnaissiez les manquements que vous avez eus et les erreurs que vous avez commises si c'est le cas.

Demandez ensuite à la personne qui se trouve en face de vous quelles étaient ses motivations, dites-lui que vous aimeriez comprendre pourquoi elle a agi comme elle l'a fait. Demandez-lui ensuite si elle reconnaît vous avoir causé du tort, volontairement ou involontairement. Il se peut que, de votre côté, vous ayez aussi fait des gestes qui l'ont blessée. Parfois, la mésentente est un tissu de fils inextricables impossibles à dénouer, un bloc d'actions et d'intentions confuses où chacun est tour à tour offensé et offenseur. Dans ce cas, cette rencontre donnera sans doute lieu à un renouveau dans votre relation.

Il se peut que l'autre ne veuille pas reconnaître vous avoir causé du tort. Dans ce cas, cherchez à saisir pourquoi. Ne vous rebiffez pas et restez poli. Gardez votre calme. Une attitude déplaisante et obstinée ne ferait que nourrir le ressentiment de part et d'autre, et le processus du pardon en serait freiné. Or, l'esprit du ressentiment est justement ce que vous avez décidé de vaincre. Si vous observez que l'autre adopte un ton hostile et désire alimenter la discorde plutôt que la paix, vous pourriez devoir interrompre cette rencontre. Ne le blâmez pas, ne cherchez pas à le coincer, n'argumentez pas. Gardez une attitude digne et détachée. Cette personne est peut-être aux prises avec un bagage de souffrances si lourd qu'elle est incapable de s'ouvrir à la réconciliation. Ne vous inquiétez pas, vous pourrez malgré tout mener à terme votre démarche du pardon, puisque ce travail se fait en vous-même. Il se peut que cette personne ne veuille pas admettre vous avoir causé tant de souffrance et ait une vision de la situation absolument différente de la vôtre. Il se peut qu'elle se fâche et s'en aille. Même dans ce cas, cette rencontre – ou la lettre que vous avez écrite – vous sera très profitable.

Étape 4: Décoder les messages de l'épreuve

Que cherche à vous dire l'Univers? Voilà l'étape finale de la démarche du pardon, voilà ce que vous devez maintenant découvrir. Le moment est venu, dans ce travail du pardon, de vous demander quelle leçon vous pouvez tirer de ce que vous avez vécu. Peut-être cela vous semble-t-il très évident, peut-être au contraire ne voyez-vous pas, de prime abord, ce que l'Univers tente de vous révéler sur vous-même. Dans ce cas, vous pouvez demander aux forces supérieures de vous aider à le découvrir. Toute épreuve comprend un message, et celui-ci est exactement celui dont vous avez besoin pour avancer dans votre quête spirituelle.

Supposons, par exemple, que votre démarche de pardon vise une personne avec qui vous avez vécu une relation amoureuse tumultueuse et qui vous a beaucoup blessé. Vous devez prendre conscience du fait que votre démarche ne concerne pas seulement l'autre, mais également vous-même. Vous ne pouvez demander à l'autre d'assumer tout ce qui s'est produit entre vous. Cela vous déresponsabiliserait vis-à-vis d'une situation que *vous* avez laissé arriver dans votre vie. Ainsi, si l'on vous a manqué de respect, vous devez prendre conscience que c'est vous qui avez permis à quelqu'un de vous manquer de respect. Pourquoi? Que tentait de vous révéler l'Univers sur vous-même à travers cette situation? Est-ce la manifestation d'un manque d'estime de soi? Recherchez-vous inconsciemment les situations qui reflètent un sentiment d'abandon? Voilà des exemples de questions à se poser pour que la démarche du pardon porte fruit: les causes profondes de l'événement ou des circonstances doivent être mises au jour afin que vous puissiez en tirer une leçon et vous réconcilier avec vous-même.

C'est en cultivant l'ouverture du cœur et en étant à l'écoute de vous-même que vous pourrez le mieux décoder ce message. Cela demande non seulement un retour sur vous et un recul face à l'événement, mais aussi beaucoup de compassion envers vous-même. Examinez toutes les facettes de ce qui s'est produit et tout le chemin que cela vous a permis de parcourir. À ce stade-ci, vous êtes en mesure d'apprécier véritablement les fruits de votre démarche: vous avez changé à travers cette épreuve, vous avez évolué. Votre souffrance constituait une extraordinaire occasion de grandir.

La connaissance de soi passe parfois par des détours obscurs, où il faut affronter le désespoir et la peur. Le plus tôt vous découvrirez le côté enrichissant de l'épreuve, le plus tôt vous parviendrez à y mettre fin. Tout dépend de vous, puisque c'est vous qui, par un nouveau regard, pouvez déceler dans l'offense le formidable matériau de transformation qu'elle recèle. Ainsi, vous saurez dorénavant reconnaître et éviter toute situation semblable. En fait, vous ne l'attirerez plus à vous si vous avez décodé le message de l'épreuve. Et, surtout, vous jouissez à présent d'une expérience de vie qui a fait de vous une personne plus solide, plus équilibrée.

Tant que vous ne tirez pas de leçon de l'épreuve que vous avez dû traverser, vous risquez d'être en proie à une désolation infiniment pénible, de rester enserré dans l'étau de la souffrance. Lorsque vous percevez la révélation qui vous était destinée à travers elle, la douleur peut s'effacer. Ce pas, il n'y a que vous qui puissiez le franchir à travers votre réflexion et votre quête de vérité.

Les bienfaits de la compassion

La compassion, essentielle au pardon, constitue l'antidote le plus puissant contre les blessures du cœur. Grâce à elle, vous pouvez renouer avec l'amour que vous éprouviez envers la personne concernée avant l'offense.

> *Apprendre la compassion, c'est devenir capable d'ériger ou d'abattre les barrières émotionnelles qui nous mettent à l'abri du reste du monde, mais aussi d'ignorer ces barrières pour entrer en contact avec un autre être humain.*
>
> Chérie Carter-Scott

Une fois que vous avez découvert cette chose merveilleuse qu'est la compassion, votre vie n'est plus la même car vous avez envers les autres une grande patience. Vous acceptez qu'ils soient imparfaits et qu'ils aient des défauts, vous ne faites plus preuve envers eux d'une exigence au-dessus de leurs forces. C'est là une autre des précieuses leçons que peut vous apporter la démarche du pardon authentique: quel que soit le mal que l'on vous a fait ou l'erreur que vous avez commise, vous pouvez faire l'expérience de la tolérance en décidant de choisir malgré tout la voie de l'amour inconditionnel envers les autres et vous-même.

L'attitude de compassion transforme l'être humain, et c'est pourquoi ceux qui ont fait face à une tragédie sont si souvent des gens aimables, serviables et d'une grande ouverture d'esprit. Ils ont appris la tolérance et savent qu'un être garde sa dignité et sa grandeur d'âme, quel que soit le drame auquel il a dû faire face.

En vertu de la sagesse qui découle du processus du pardon, vous ne serez plus jamais la même personne. Vous ne serez plus aussi prompt à blâmer autrui, car vous savez que derrière tout geste se cache une histoire, un passé, une douleur qui ne demande qu'à être comprise. Vous savez maintenant aussi que toute épreuve est source de richesse, c'est-à-dire qu'elle peut constituer l'occasion d'une réflexion et d'une prise de conscience des plus utiles à la conquête de sa vie.

Pour prendre conscience des acquis que vous a permis de faire l'offense subie, notez par écrit de quelle façon vous la percevez à présent. Comment voyez-vous la personne qui vous a offensé? Vous sentez-vous détaché du passé, vous sentez-vous libéré, comme si la page était enfin tournée? Quelles qualités avez-vous développées grâce à cette épreuve? Vous avez probablement le sentiment de mieux vous connaître. Notez tout ce que vous avez découvert sur vous-même à travers cette épreuve. Énumérez les qualités qu'elle vous a amené à développer, comme la patience, l'indulgence, la compréhension et la tolérance. Certaines personnes en arrivent même à éprouver de la gratitude envers celui qui les a offensées. Pour compléter votre démarche, vous pouvez écrire à cette personne une lettre – que vous ne lui enverrez pas – lui disant ce que cette expérience vous a appris.

Découvrir le sens de l'offense dans votre vie vous permettra de vous libérer véritablement de l'emprise qu'a pu avoir sur vous cet événement. La réalité recèle d'inouïes possibilités si vous savez la voir sous un certain angle, c'est-à-dire apprécier le travail spirituel sur vous-même qu'elle vous amène à faire.

Cette ultime réflexion met fin au processus du pardon et marque le début d'un renouveau extraordinaire dans votre vie. Le sage regard que vous portez maintenant sur l'offense vous a permis de rétablir en vous-même la connexion de l'amour inconditionnel et d'accroître votre force intérieure. Vous avez triomphé de l'anxiété, de la colère, du chagrin et de l'inquiétude, vous savez à présent que rien n'est à l'épreuve du pouvoir de pardonner et qu'il est toujours possible de se frayer un chemin jusqu'à la sérénité.

Il se peut que certains aspects de la situation résistent toujours, à la fin de votre démarche, à votre compréhension. Dans ce cas, le meilleur parti à prendre est d'accepter cet état de choses. Lâchez prise, tout simplement. Certaines réponses vous viendront probablement plus tard, lorsque vous serez prêt à les saisir. Consentez aussi à ce que certains mystères ne puissent être percés. Une fois que vous aurez effectué la démarche du pardon, abandonnez-vous au présent. Ne ruminez pas le passé, ne le laissez pas gâcher votre réalité d'aujourd'hui.

Pour sceller la démarche du pardon, vous pouvez vous retirer dans un endroit calme et faire intérieurement l'affirmation suivante:

«J'accorde mon pardon à [...]. Je lui pardonne véritablement tout ce qui s'est produit. Toute cette histoire est terminée pour moi. Je remets mon ressentiment et mon amertume aux forces supérieures. [...] est libre, et je suis libre. Nous voilà libres tous les deux. Je souhaite du bien à [...] tout au long de sa vie et je remercie les forces supérieures de m'avoir délivré.»

Après le pardon: oublier l'offense

Il se peut que la personne qui vous a offensé soit encore présente dans votre vie. Dans ce cas, une fois que vous avez accordé votre pardon, l'offense ne devrait pas laisser de traces dans votre relation.

Ainsi, ne soyez pas intransigeant ni cynique envers cette personne, et évitez toute forme de sarcasme ou de sévérité. Concentrez-vous sur le présent. Ne mettez pas l'accent sur le passé, ne faites plus allusion à l'offense. Ne profitez pas de celle-ci pour vous sentir supérieur à elle. Qui pourrait prétendre n'avoir jamais offensé qui que ce soit? Malheureusement, personne. Ne faites pas sentir à l'autre qu'il vous doit quelque chose: le pardon véritable efface tout. Sachez oublier et faire table rase du passé, sachez recommencer à faire confiance à la personne qui vous a blessé. C'est là l'étape ultime du pardon: la libération suprême pour les deux personnes impliquées. Alors, le mépris, la haine ou la rancune n'ont plus cours, ils ont été vaincus.

L'énergie curative de l'amour inconditionnel procure un sentiment de légèreté et de bien-être inouï, non seulement en soi-même, mais aussi vis-à-vis d'autrui. En fait, à ce stade-ci, c'est-à-dire dans la période suivant la démarche du pardon, il se peut même que vous vous sentiez très détaché de l'offense et de la souffrance que l'autre vous avait causées. Certaines personnes en viennent à un tel détachement qu'elles gardent un souvenir très imprécis du mal subi, un peu comme si elles ne l'avaient pas vraiment vécu, comme s'il s'agissait de quelqu'un d'autre.

Quel que soit le degré de votre détachement, il est extrêmement positif, puisqu'il permet de passer à autre chose, de renouer avec le bonheur de vivre. Il n'y a rien de pire, pour soi-même et pour son entourage, que de continuer à se mortifier. Rien ne doit être plus important que le présent et les rêves que vous tenez maintenant à accomplir.

Une fois la démarche du pardon terminée, ne perdez plus une minute à ressasser votre peine et fuyez tout ce qui éveille en vous l'attitude de victime. Lancez-vous dans un projet, attelez-vous à vos tâches, continuez à bâtir votre vie. Comme nous le verrons plus loin, toute l'énergie libérée par le pardon peut maintenant être utilisée aux fins de votre succès.

Vaincre les émotions récalcitrantes

Que faire si des émotions négatives persistent après la démarche du pardon, s'il vous arrive encore d'être en proie à des angoisses ou à des orages émotionnels? Revoyez chacune des étapes du processus du pardon. Peut-être avez-vous négligé certains aspects du cheminement décrit. Dans ce cas, vous gagnerez à les étudier de nouveau.

Si vos émotions négatives persistent, penchez-vous sur elles et demandez-vous si elles ne recèleraient pas une vérité que vous n'avez pas encore perçue. Déceler cette vérité sera le meilleur moyen d'extirper le négativisme. Puis, considérez l'émotion le plus objectivement possible, avec froideur et indifférence; acceptez-la totalement. Enfin, laissez-la s'échapper. Si cette émotion vous revient, ne lui attachez pas d'importance. Pour chasser les démons qui nous hantent, Emmet Fox conseille de procéder comme suit: «Si c'est un souvenir désagréable qui vous vient à l'esprit et qui, peut-être, vous a fait souffrir à un certain moment, rendez-vous compte que c'était une des leçons que vous aviez à apprendre. C'est passé, qu'il n'en soit plus question. En l'examinant objectivement, vous le dépouillez de l'émotion dont il était chargé, et il devient inactif. Cette pensée retournera s'enfouir dans le subconscient et ne pourra plus vous nuire. C'est la seule manière de traiter la charge émotionnelle attachée à certaines pensées. Quand elles surgissent, considérez-les avec détachement, puis bénissez-les et laissez-les s'enfuir. Si vous essayez de les neutraliser par une autre émotion, vous ne ferez qu'ajouter une nouvelle charge à ces pensées.»

Certains souvenirs s'obstinent à nous persécuter. Dans ce cas, les exercices décrits au chapitre suivant seront des plus utiles. Et quoi qu'il en soit, il ne faut pas perdre de vue qu'il n'est aucune obsession ni aucune peine qui ne puisse être écartée, effacée totalement. Cette peine est toujours un indice qu'il faut procéder à des changements dans sa façon d'envisager la vie. Cette peine est l'occasion de découvrir les richesses qui dorment en nous et ne demandent qu'à nous être révélées.

Dans le futur, lorsqu'une pensée vous reviendra à l'esprit à propos de l'offenseur ou de l'offense, efforcez-vous d'avoir une pensée bienveillante, puis n'y songez plus: pensez à autre chose. C'est là le secret de l'oubli purificateur. Chaque fois que l'offenseur ou l'offense surgira dans votre conscience, émettez une bonne pensée envers l'offenseur et faites bifurquer votre attention vers autre chose. Toute trace de ressentiment s'estompera ainsi graduellement jusqu'à disparaître définitivement.

Chapitre 6

Exercices

oici des exercices de détente et d'autres, plus spécifiques, qui favoriseront votre démarche du pardon. Pratiquez-les au cours de celle-ci et par la suite chaque fois que vous en sentirez le besoin. Ils vous seront d'un précieux secours dans les moments où vous sentirez que l'amertume tente de se frayer un chemin jusqu'à votre esprit. Vous pouvez, en fait, vous y adonner en tout temps pour accroître votre bien-être.

Évacuer une souffrance

Asseyez-vous dans un environnement calme. Respirez profondément et plongez dans votre peine. Ressentez son énergie pendant quelques minutes. Représentez-vous votre douleur comme une masse de couleur foncée, puis imaginez que cette masse vous quitte peu à peu à chaque expiration. Chassez-la par votre souffle. Imaginez qu'elle s'éloigne de plus en plus de vous, si bien qu'elle finit par disparaître. Remplacez l'énergie négative envolée par une énergie fraîche et neuve: à chaque inspiration, visualisez qu'une lumière dorée vous envahit doucement. Ressentez cette énergie positive, imbibez-vous d'elle pendant de longues minutes.

Détente profonde

Dans un endroit tranquille, allongez-vous sur le sol et fermez les yeux. Détendez chacune des parties de votre corps, en allant de bas en haut. Dites-vous intérieurement, de façon lente et appuyée: «Mes pieds sont lourds... Mes jambes sont lourdes... Mes cuisses sont lourdes...» Répétez-vous ces mots pour le bassin, la poitrine, les épaules, les bras, les avant-bras, les mains, puis la tête. Imaginez ensuite qu'un halo de lumière dorée vous entoure totalement et dites-vous simplement, plusieurs fois de suite et très lentement: «Je suis en paix avec moi-même. En tout temps, je suis en paix avec moi-même.» Concentrez-vous sur la lumière qui vous entoure et laissez-vous aller à un calme absolu, sans penser à rien pendant plusieurs minutes. Puis, redites-vous plusieurs fois: «Je suis en paix avec moi-même.» Peu à peu, éveillez chacune des parties de votre corps en vous concentrant sur elle pendant quelques secondes. Prenez quelques minutes pour revenir à vous.

La pratique du silence

Pendant que vous vaquez à certaines occupations durant la journée, exercez-vous à être avec vous-même, dans le silence complet. Par exemple, si vous avez l'habitude d'allumer systématiquement le téléviseur ou la radio au moment de faire du rangement, choisissez certains jours de préférer le silence aux bavardages. Il en va de même pour la musique. Tout au long de la journée, aménagez-vous des plages de repos où vous pourrez faire le vide et vous relier aux forces spirituelles de l'Univers.

Se défaire de sa colère

Si vous éprouvez un ressentiment à l'égard d'une personne ou d'une situation, récente ou éloignée dans le temps, commencez par vous relaxer profondément, puis décrivez par écrit ce qui vous tenaille. Quels sont les éléments clés de votre colère? D'où vient votre animosité? Écrivez sans vous censurer tout ce qui vous passe par la tête; dans un premier temps, énumérez les faits, puis décrivez vos réactions et tout ce que vous ressentez aujourd'hui en regard de cette situation. Ensuite, faites une brève séance de relaxation et demandez aux forces supérieures de l'Univers de vous aider à comprendre le message que renferme cette situation. Au cours des prochains jours, faites appel à ces forces pour avoir un nouveau regard sur ce qui s'est produit. Quelques jours plus tard, relisez ce que vous avez écrit et voyez si vous décririez vos sentiments de la même façon. Puis, fermez les yeux et demandez aux forces de l'Univers de vous libérer pour toujours des sentiments négatifs qui vous avaient assailli. Faites une liste de vos projets les plus chers et demandez aux forces spirituelles de vous aider à éliminer tout ressentiment de votre vie, de façon que vos énergies puissent entièrement être focalisées sur la réalisation de vos objectifs.

S'inspirer de ceux qu'on admire

Quelles personnes connues admirez-vous pour leurs qualités de cœur ou d'esprit? Dressez une liste de quelques illustres personnages – saints, écrivains, philosophes, penseurs, etc. – pour lesquels vous éprouvez de l'admiration. Ajoutez-y les noms de gens plus près de vous qui exercent sur vous une certaine fascination et que vous trouvez inspirants.

Demandez-vous à présent comment chacune de ces personnes aurait réagi à votre place, devant une épreuve semblable à celle que vous avez traversée. Auraient-elles opté pour la discorde, la vengeance, la mésentente, ou au contraire pour la magnanimité, la dignité, la concorde? Prenez le temps d'imaginer, d'après ce que vous savez de leur façon de penser et de leur façon de vivre, le comportement qu'elles auraient probablement adopté vis-à-vis de l'événement que vous avez vécu. Demandez-vous ensuite quelles qualités vous auriez besoin de cultiver pour avoir une attitude semblable à celle de vos héros et notez-les par écrit.

Imaginez maintenant que vous développez ces qualités, par exemple que vous devenez une personne très patiente, très positive, très persévérante, etc. Visualisez que vous êtes une personne plus heureuse, confiante et harmonisée avec elle-même. Au cours des prochains jours, relisez de temps à autre la liste de ces qualités et voyez si vous réussissez à les mettre davantage en pratique dans votre vie quotidienne.

Se défaire de la honte

La haine de soi, souvent présente depuis l'enfance, constitue un moteur puissant d'autosabotage dont il faut se défaire pour progresser sur le chemin de l'harmonie intérieure et du pardon envers soi et les autres. Voici un exercice qui vous aidera à vaincre le sentiment de honte qui se rattache à la haine de soi.

Sur une feuille de papier, tracez trois colonnes. Dans la première, inscrivez chacun des principaux motifs qui vous a valu, depuis votre enfance, de ressentir de la honte. Ce peut être en raison d'un complexe physique, d'une matière que vous n'assimiliez pas rapidement à l'école, ou même du fait de n'avoir été doué aucunement pour l'apprentissage. Il se peut aussi qu'à l'âge adulte, vous ayez occupé dans votre travail un poste pour lequel vous ne possédiez pas la formation requise et que vous ayez alors ressenti un lourd sentiment de culpabilité devant votre manque de compétence. Prenez conscience des principales sources de la honte tout au long de votre existence. Décrivez les circonstances où elle a surgi et les formes qu'elle a prises. Dans la deuxième colonne, inscrivez, pour chacune de ces circonstances, toutes les raisons qui expliquent que vous ayez eu de tels sentiments. Avec le recul, vous pouvez maintenant mieux comprendre leur origine. Une fois que vous avez mis les causes au jour, écrivez, dans la troisième colonne, de quelle façon vous auriez pu éviter cette situation ou la faire évoluer de manière qu'elle ne soit pas à votre désavantage. Auriez-vous pu faire un geste pour mettre fin à votre souffrance? Notez, pour chaque situation dont il est question, tout ce qui aurait été possible si vous n'aviez pas souffert d'un manque d'estime de soi.

Prenez quelques minutes pour vous recueillir et vous imprégner, pour chaque situation décrite, d'un amour inconditionnel face à vous-même. Ressentez profondément en vous-même les effets apaisants de cet état d'amour. S'il vous arrive d'avoir à nouveau un sentiment de honte à propos de quelque événement que ce soit, refaites cet exercice afin de vous en affranchir: notez les causes de votre sentiment, puis voyez de quelle façon vous pourriez le déjouer, c'est-à-dire vous libérer de ce qui l'a occasionné. Que pourriez-vous faire pour le surmonter et retrouver un sentiment de sérénité? Prenez conscience de votre pouvoir sur votre vie, ne vous laissez pas aller à une impression d'échec. Si certains moyens d'action se trouvent à votre disposition, choisissez-en un et visualisez-vous en train de venir à bout du problème. S'il s'agit d'une situation à laquelle vous ne pouvez strictement rien, prenez le parti de ne pas vous faire de souci et d'accepter votre sentiment d'impuissance. Si vous trouvez cela ardu, demandez aux forces supérieures de l'Univers de vous y aider.

Enfin, imaginez que vous êtes capable de faire face à cette situation sans éprouver aucune honte. Visualisez que vous vous sentez parfaitement en paix avec vous-même vis-à-vis de cette situation. Imaginez que vous parvenez sans difficulté à vous en détacher tout à fait et que vous vous sentez épanoui et fier de vous. Pendant quelques minutes, ressentez profondément en vous-même l'énergie de l'amour inconditionnel.

Annuler ses attentes

Voici un exercice extraordinaire qui repose sur un principe simple: nos déceptions et nos souffrances face aux autres proviennent, la plupart du temps, du fait que nous avons envers eux des attentes trop élevées, qui ne peuvent donc être comblées. Si nous parvenons à nous détacher de ces attentes, nous évitons l'écueil qui consiste à blâmer les autres pour ce qu'ils ne nous donnent pas. En d'autres mots, c'est nous qui nous infligeons les manques que nous ressentons. C'est donc aussi nous qui pouvons les guérir. Pour cela, il suffit de lâcher prise et d'effacer nos attentes face aux autres. Il en résultera un sentiment de légèreté et de sérénité. Car par cette forme de pardon, nous brisons le carcan dans lequel nous nous étions nous-mêmes enfermés. Lorsque nous assumons la responsabilité de nos attentes, nous laissons aussi les autres être responsables de leurs gestes. Nos relations avec eux deviennent alors plus faciles, plus coulantes, plus simples. Nous devenons plus libres.

Voici ce que vous pouvez faire lorsque vous vous sentez déçu ou dupé par quelqu'un. S'il s'agit d'un événement lointain dans le temps et que la personne concernée n'est plus dans votre entourage ou qu'elle est décédée, vous pouvez faire cet exercice pour faire la paix avec vous-même. Si vous êtes toujours en contact avec elle, vous n'avez pas besoin de lui en parler.

Asseyez-vous confortablement, respirez profondément et détendez-vous. Fermez les yeux et pensez à la peine dont vous voulez vous défaire. Visualisez la personne concernée et adressez-vous à elle intérieurement. «Je désire que cette situation cesse de me faire souffrir. Je veux me libérer de ce qui s'est produit entre nous. J'aurais aimé que tu agisses de telle ou telle façon (expliquer votre désir), mais ce n'est pas ce que tu as choisi et je respecte ta décision. J'annule toute attente ou exigence que j'avais envers toi. Tu es libre, et je respecte ton choix. J'annule mes attentes envers toi. Je te pardonne pour cela et je me pardonne aussi d'avoir souffert à cause de cela. Je ne veux plus me sentir triste, déprimé ou en colère à cause de ce qui s'est produit entre nous. J'annule toutes mes attentes face à toi.» Imaginez à présent qu'un halo de lumière entoure la personne à qui vous vous adressez et projetez vers elle l'énergie puissante de l'amour inconditionnel. Imprégnez-vous fortement de cette énergie et sentez-la s'écouler entre vous et l'autre pendant quelques minutes.

Laissez passer quelques jours puis, si vous en sentez le besoin, c'est-à-dire si vous éprouvez encore du ressentiment envers cette personne, répétez cet exercice. Il vous aidera grandement à voir sous un nouvel angle la situation à laquelle vous êtes confronté et à vaincre les sentiments négatifs qu'elle avait engendrés. Vous pouvez aussi faire cet exercice pour guérir des blessures qui remontent à l'enfance et qui sont liées à un parent ou à tout autre membre de votre famille.

Constater les bienfaits des épreuves

Sur une feuille de papier, dressez une liste de plusieurs difficultés que vous avez traversées depuis quelques années. Voyez, pour chacune, si ce qui semblait une catastrophe sur le moment n'a pas, finalement, donné lieu à un progrès. Par exemple, une perte d'emploi a pu vous amener à découvrir un talent que vous n'aviez jamais exploité auparavant, ou un échec amoureux, très éprouvant sur le moment, a pu vous permettre ensuite de rencontrer une personne qui vous convient bien davantage.

Amusez-vous à retracer les origines de ce qui vous procure du bonheur aujourd'hui. Il est fort probable que vous observiez que ce que vous aimez le plus dans votre vie maintenant a pris source dans des événements pénibles. Il se peut ainsi que certaines difficultés vous aient permis de faire la connaissance de personnes avec qui vous vous êtes lié d'amitié, ou de découvrir sous un nouveau jour des gens que vous fréquentiez déjà. Remontez le fil de ce qui vous procure de la joie: vous découvrirez sans doute que la vie a souvent pris des détours étranges pour vous lancer sur de bonnes pistes.

Visualiser de bonnes relations

Après avoir traversé un conflit avec quelqu'un, vous pouvez améliorer vos relations avec cette personne grâce à la visualisation. Il se peut qu'elle vous mette naturellement dans un mauvais état d'esprit et qu'elle vous agace ou vous gêne. Vous aimeriez pourtant vous sentir à l'aise avec elle, calme et sûr de vous. Voici un exercice qui vous y aidera. Faites-le plusieurs fois avant de rencontrer cette personne. En modifiant vos dispositions face à elle, vous briserez le climat négatif qui s'était installé et changerez nécessairement la relation.

Détendez-vous complètement. Prenez plusieurs respirations profondes. Visualisez que vous rencontrez cette personne dans un endroit donné. Imaginez que vous êtes détendu, heureux, que vous avez de l'assurance et que vous vous sentez apprécié. Voyez de quelle façon vous vous tenez, vous bougez (avec aisance), vous parlez (sur un ton aimable), etc. L'énergie passe très bien entre votre interlocuteur et vous, l'échange est fluide et agréable. Imaginez que vous parvenez à faire table rase du passé et à développer avec cette personne une relation harmonieuse et enrichissante.

Changer son état d'esprit

L'esprit est tout; si l'esprit perd sa liberté, vous perdez la vôtre; si l'esprit est libre, vous l'êtes aussi. L'esprit peut être trempé dans n'importe quelle couleur, comme une nappe blanche fraîchement lavée.

Ramakrishna

Dans la vie de tous les jours, il est possible de changer son état d'esprit en apprenant à déplacer son centre d'intérêt. Quand vous sentez un état d'anxiété s'emparer de vous, vous pouvez l'éviter en changeant immédiatement d'activité. Par exemple, allez faire une promenade dans un parc et attardez-vous à la beauté de ce que vous y voyez. Plongez-vous dans un état méditatif pendant quelques instants, puis demandez-vous dans quel état d'esprit vous auriez le plus envie d'être à ce moment précis. À présent, demandez-vous si quelque chose vous empêche de le vivre. Ne sera-t-il pas plus facile d'affronter vos difficultés si vous l'adoptez immédiatement? N'oubliez pas que les pensées sont des entités et que vous avez un pouvoir sur elles. Une fois que vous aurez ainsi déjoué l'état d'esprit négatif, revenez à vos activités précédentes. Vous vous sentirez apaisé, frais et dispos.

Méditer sur des prières

Il n'est pas étonnant que le pardon joue un rôle prépondérant au sein du christianisme. L'amour et le partage y tiennent une telle place que tout devient possible: vaincre la haine, le mépris et l'oppression, semer l'amitié, l'espérance et la confiance. La prière que voici montre bien quel peut être ce chemin de l'amour des autres. Chacun de nous peut chercher à devenir pour le monde cet instrument de paix en appliquant du mieux qu'il le peut les vérités qui y sont énoncées.

Instrument de paix

Seigneur, fais de moi
un instrument de ta paix.
Là où est la haine,
que je mette l'amour.
Là où est l'offense,
que je mette le pardon.
Là où est la division,
que je mette l'union.
Là où est l'erreur,
que je mette la vérité.
Là où est le désespoir,
que je mette l'espérance.
Là où est la ténèbre,
que je mette la lumière.
Là où est la tristesse,
que je mette la joie.
Fais, Seigneur,
que je ne cherche pas tant
d'être consolé que de consoler

d'être compris, que de comprendre,
d'être aimé, que d'aimer.
Parce que c'est en se donnant
que l'on se reçoit,
en s'oubliant soi-même
que l'on se trouve soi-même,
en pardonnant
que l'on obtient le pardon,
en mourant
que l'on ressuscite à la vie éternelle

Prière attribuée à saint François d'Assise

Lorsque vous en sentez le besoin, reliez-vous à la sagesse de l'Univers par la lecture de prières ou de textes spirituels. Ils sauront vous inspirer, vous donner du courage et vous plonger dans une profonde quiétude.

Chapitre 7

*Après le pardon:
une nouvelle vie*

Une fois le processus du pardon terminé, l'amour inconditionnel peut à nouveau circuler pleinement dans votre vie, avec tous les effets positifs que cela entraîne, c'est-à-dire davantage d'enthousiasme, de dynamisme, de vitalité. Une fois vaincues la frustration et la colère, l'envie d'entreprendre des projets et de les mener à bien fait généralement surface. En effet, la démarche que vous avez entreprise a probablement libéré en vous une vitalité nouvelle. Ainsi avez-vous accès maintenant à une fantastique source d'énergie, qui vous permettra d'avoir une vie plus stimulante et de voir enfin à tout ce que vous vous promettiez de régler depuis belle lurette.

S'affranchir par l'action

Lorsque vous avez chassé le négativisme de vos pensées, la réalisation de vos rêves devient possible. Par la démarche du pardon, vous avez affronté les fantômes du passé et plus rien ne peut faire obstacle à votre action. La hargne, l'amertume, le ressentiment, tous ces sentiments négatifs qui vous empêchaient de vous sentir libre et en possession de votre vie se trouvent derrière vous et, s'ils tentaient encore de vous importuner, vous sauriez à présent comment les déjouer. Vos forces positives, qui auparavant se trouvaient bloquées, réprimées, vous reviennent peu à peu, transformant votre rapport à vous-même et au monde.

Ainsi, à présent, il ne devrait plus être question pour vous de vivre au temps futur, de vous dire: «Un jour, je réaliserai telle ou telle chose; un jour, j'accomplirai peut-être ce rêve impossible que je caresse depuis si long-temps.» Tout cela peut prendre forme dès maintenant.

Lorsque vous êtes fortement connecté à l'énergie puis-sante de l'amour inconditionnel, plonger dans le présent est un plaisir. Alors, vous n'êtes pas en lutte contre ce que vous vivez. Au contraire, vous atteignez un sentiment d'unité qui favorise toute action que vous entreprenez. Lorsque vous aimez la personne que vous êtes et que, grâce au pardon, vous vous êtes libéré des forces destruc-trices de la haine, vous pouvez vous consacrer entière-ment à la réalisation de vos objectifs. Alors, ce sont eux qui vous portent et vous imprègnent d'une énergie positive qui se régénère d'elle-même. Vous vivez pleinement l'ins-tant présent, et peu importe le temps qu'il fait aujourd'hui, que le soleil brille ou que la pluie tambourine contre les vitres, vous vous sentez en harmonie avec vous-même, avec votre passé, avec votre présent et, forcément, avec votre futur. Vous êtes tout à fait confiant que, quelles que soient les embûches qui ont pu se trouver sur votre route, elles avaient un sens puisqu'elles vous ont permis d'être la personne que vous êtes aujourd'hui, une personne plus évoluée, plus réceptive aux autres, plus ouverte d'esprit, plus avancée sur la voie de la sagesse.

Déceler son potentiel

C'est dans l'action, à présent, que vous pouvez choisir de redonner aux autres, sous une autre forme, tous les cadeaux de l'Univers que vous avez reçus depuis que vous êtes au monde. Une fois que vous avez su transformer le matériau de la souffrance en occasion de croître, il vous reste à déterminer de quelle façon vous pourriez rendre à l'Univers, aux êtres chers de votre vie et à tous les autres le fruit de vos expériences. Quelles sont vos compétences? Qu'est-ce qui vous attire le plus? Examinez toutes les possibilités qui s'offrent à vous et permettez-vous de rêver. Y a-t-il un domaine qui vous a toujours attiré et auquel vous pourriez apporter votre contribution? N'oubliez pas que le processus du pardon a libéré en vous des énergies fantastiques, qui ne demandent qu'à être employées. Ce qui auparavant vous semblait difficile, hors de portée, pourrait bien à présent être tout à fait réalisable, si vous vous permettez d'y croire véritablement et que vous prenez les moyens pour parvenir à vos fins. Ayez foi en vos vieux rêves et, grâce à la force d'action que vous avez retrouvée, plus rien ne pourra s'opposer à vous.

Réaliser ses rêves

Pour arriver plus rapidement à vos buts, ayez recours à la visualisation créatrice. De temps à autre, lorsque vous avez devant vous quelques minutes de tranquillité, voyez-vous en train de faire ce que vous rêvez d'accomplir. Avec force détails, représentez-vous distinctement en train de réaliser ce qui vous attire le plus dans l'existence. Voyez-vous parfaitement à l'aise dans ce rôle, bien dans votre peau, en totale harmonie avec vous-même.

À ces séances de visualisation doivent s'ajouter l'action, c'est-à-dire des gestes concrets. En effet, ces séances ne serviront à rien si vous restez assis toute la journée à ne rien faire. Que pouvez-vous faire, aujourd'hui, dès cette minute, qui vous rapprochera de l'accomplissement de vos objectifs? Si vous avez depuis toujours l'envie d'écrire un roman, mettez-vous au travail, jetez sur papier quelques idées, établissez une façon de procéder. Si vous caressez le projet de construire une maison, voyez par quels moyens vous pourriez commencer à amasser des fonds pour ce faire. Concrètement, immédiatement, commencez dès maintenant à réaliser vos rêves en agissant chaque jour en ce sens.

N'attendez pas que tout le monde vous aime, n'attendez pas d'avoir atteint l'âge de la retraite, n'attendez pas que tous vous aient donné leur approbation. Agissez. La démarche du pardon procure une paix, face au passé et au présent, qui donne accès à une énergie nouvelle, libérée des entraves de la colère et de la peur. Cette paix procure également le calme nécessaire à l'action réfléchie, intelligente, posée. Alors, vous n'êtes pas en proie au doute ni à la méfiance. Vous savez analyser une situation tout en faisant confiance à votre intuition. Vous avez le contrôle de vous-même tout en étant en contact avec votre spontanéité. Vous êtes ouvert à la magie des rencontres tout en étant d'affaires lorsqu'il le faut. Bref, vous vous sentez bien avec vous-même, vous n'êtes plus rongé par l'inquiétude ou le manque d'estime de soi, pas plus que vous ne souffrez de l'arrogance de ceux qui croient tout savoir. Voilà tout ce que le pardon a pu vous apporter, et si vous sentez que vous n'avez pas encore tout à fait atteint cet état merveilleux, ne perdez pas courage: œuvrez à développer toujours davantage votre conscience spirituelle et à demander aux forces supérieures de l'Univers de vous aiguiller vers votre mission.

Accroître son énergie vitale

Pour augmenter encore davantage vos forces positives, adonnez-vous à des activités créatrices. Qu'il s'agisse, selon vos préférences, de l'écriture, de la danse, de la musique ou de toute autre forme d'art, livrez-vous à quelque chose qui vous permet de vous exprimer en dehors des moyens habituels. Développer sa créativité modifie de façon constructive le rapport à la vie. Il se produit alors une chose extraordinaire: l'apprentissage se marie au jeu et cela donne lieu à la découverte et au développement d'aspects de soi que l'on avait toujours tus et laissé dormir.

Au lieu de chercher à nous évader de notre vie à travers des drogues ou des distractions sans valeur, nous pouvons nous livrer à des expériences constructives fascinantes, où nous créons véritablement quelque chose. J'ai

151

connu quelqu'un qui, après avoir traversé un divorce très douloureux et après avoir dû pardonner à son ex-femme de l'avoir beaucoup trompé, a rebâti son estime de soi à travers une psychothérapie, mais aussi en s'adonnant, dans ses temps libres, à la peinture. Cela lui permettait de cesser de penser à ses problèmes et d'être totalement dans l'instant présent. Créer quoi que ce soit de ses mains ou avec son esprit – un poème, un dessin, une sculpture, un jardin, etc. – est une expérience fabuleuse en soi, et il n'est pas besoin d'être un grand artiste pour la vivre et en tirer d'immenses bienfaits.

Une foule d'expériences enrichissantes sont à notre portée et il suffit, pour accroître notre énergie vitale, de nous y livrer régulièrement. Partout dans le monde, à cette seconde précise, des millions de gens sont en train de peindre, de jouer d'un instrument, de danser, d'écrire un poème ou de composer un bouquet de fleurs. Par cette création, ils font un geste positif, ils expriment leurs émotions, ils embellissent le monde et contribuent à le créer.

Ne vous contentez pas de comprendre l'Univers et ses lois de façon intellectuelle. Imprégnez un mouvement à votre vie, donnez-lui un rythme à travers des gestes créatifs. Ils vous procurent une joie incommensurable, ils vous aideront à raffermir votre connexion aux forces supérieures de l'Univers.

S'entourer d'amour

Après avoir accompli la démarche du pardon, nous nous sentons réconciliés avec nous-mêmes et il arrive fréquemment que nous nous éloignions alors naturellement des relations qui éveillent en nous des sentiments négatifs. Nous sommes plutôt attirés par les relations harmonieuses, sans problème.

Il est très important d'alimenter la flamme de l'amour inconditionnel que vous avez retrouvée. Pour cela, vous devez veiller à entretenir autour de vous un climat de paix. Vos relations qui laissaient à désirer pourraient fort bien devenir beaucoup plus faciles, car vous avez maintenant retrouvé foi en vous-même et en vos capacités. Cependant, lorsque ce n'est pas le cas, ne forcez pas les choses. Choisissez de fréquenter les gens auprès desquels vous sentez que votre énergie vitale est très forte.

Il est des personnes qui éveillent votre enthousiasme, d'autres qui l'éteignent. N'alimentez pas les relations qui ne vous font pas de bien. Dans certains cas, il peut même être bénéfique de les laisser s'éteindre. Il n'y a aucune raison de fréquenter des gens qui disent vous aimer mais qui ne vous traitent pas avec respect et ne vous manifestent aucune appréciation. Lorsque vous constatez, après avoir passé un moment avec quelqu'un, que vous vous sentez vidé, demandez-vous si vous ne devriez pas espacer vos rencontres avec cette personne. Recherchez la compagnie des gens avec qui vous vous sentez naturellement en harmonie, ceux qui ne vous jugent pas et qui vous aiment comme vous êtes.

Certaines personnes ont tendance à rechercher les gens qui ne leur renvoient pas une image favorable d'elles-mêmes. Auprès d'eux, pourtant, elles se sentent dévalorisées. Cela s'inscrit dans un scénario négatif plus ou moins conscient, où elles entretiennent une pauvre estime d'elles-mêmes.

Lorsque nous sommes aux prises avec ce type de scénario, nous devons d'abord, pour parvenir à le renverser, nous rendre compte que nous courons après l'affection là où elle n'est pas et que cela reflète un manque d'autoappréciation. Encore une fois, nous devons choisir de poursuivre les relations qui nous renvoient une image positive de nous, et délaisser celles qui nourrissent au contraire notre tendance à nous déprécier. Nous devons nous concentrer sur celles qui augmentent votre niveau d'énergie et qui nous font sentir que nous sommes une personne valable et digne d'être aimée.

L'énergie d'amour est hautement curative. Plus nous en faisons l'expérience, plus nous favorisons sa circulation dans notre vie, plus nous l'émettons à notre tour. Si vous fréquentez des gens qui éveillent en vous l'énergie d'amour, vous serez plus fortement relié aux forces de l'Univers et, donc, davantage harmonisé avec vous-même.

Il arrive souvent que nous soyons portés, lorsque nous ne sommes pas heureux, à rechercher des relations dysfonctionnelles ou du moins non satisfaisantes. Or nous pouvons, en retrouvant notre équilibre intérieur et en renouant avec l'amour inconditionnel de soi, reprendre goût à avoir avec les autres des rapports qui éveillent en nous des émotions positives.

Lorsque vous faites la démarche du pardon et que vous réglez certains conflits intérieurs, vous vous débarrassez de vieilles haines – que vous traîniez peut-être depuis l'enfance –, et il se produit en vous des changements profonds, qui se reflètent nécessairement dans vos rapports avec les autres. Vous vous sentez mieux dans votre peau et délaissez spontanément les rapports faux ou teintés d'agressivité. Car à travers le processus du pardon prend forme une conquête de la liberté, et vous chercherez probablement à présent à vous entourer de gens avec qui vous pouvez vivre l'état de l'amour inconditionnel et qui vous encouragent à réaliser vos rêves.

Ainsi, il se peut donc fort bien que de nouvelles amitiés prennent forme dans votre vie. Lorsque vous renouez avec votre moi profond et avec les forces supérieures de l'Univers, vous vous ouvrez à une nouvelle façon de vivre et vous vous tournez naturellement vers des rapports humains empreints de simplicité, de franchise et de compassion.

Être réceptif aux autres

Une fois que vous avez fait la démarche du pardon, que vous vous êtes réconcilié avec vous-même et avec les autres, vous pouvez être véritablement réceptif à ce qu'ils souhaitent vous apporter. Vous êtes en mesure d'avoir un échange réel, entre personnes autonomes.

Dans votre vie quotidienne, efforcez-vous de voir la beauté de chaque personne que vous croisez sur votre chemin. Soyez attentif à elle, ne soyez pas préoccupé par vous-même, par le fil de *votre* histoire. Dès lors, vous entrerez en contact avec ce qu'on pourrait appeler la magie des autres.

> *Regarde chaque personne que tu rencontres comme si elle devait t'apporter un grand secret.*
>
> Dugpa Rimpoché, disciple du dalaï-lama

Si vous savez repérer en chacun ce qui compose sa force – et non ses faiblesses –, vous serez davantage en contact avec les énergies positives d'autrui et vos relations seront plus stimulantes, plus riches, plus profondes. C'est là un des bienfaits importants de la démarche du pardon: elle donne lieu à de meilleures relations étant donné que les énergies positives ne sont plus brouillées par des sentiments négatifs comme la haine ou le ressentiment. Ainsi, les autres en bénéficieront autant que vous, car ils pourront avoir avec vous un échange authentique et empreint de sérénité.

Le développement spirituel transforme les relations, il les modifie en profondeur. Grâce à la compassion et à la bienveillance qu'il permet de développer, nous pouvons percevoir et apprécier les qualités de chaque personne avec qui nous sommes en contact.

Développer son intelligence spirituelle

La haine empêche d'être en harmonie avec le monde ambiant et d'y participer pleinement. Lorsque les énergies sont bloquées, vous ne pouvez jouir de la beauté extraordinaire de la nature ou du simple fait d'exister. C'est comme s'il fallait auparavant dissoudre les blocages, mettre du jeu là où il y a tiraillement, accéder à un espace intérieur qui favorise au contraire l'état de paix.

Une fois que vous avez gagné votre liberté grâce au pardon et que vous êtes en contact avec les forces supérieures de l'Univers, vous êtes en mesure de retrouver le fil de votre essence spirituelle. Dès lors, votre vie intérieure peut vous apporter des satisfactions infinies. Lorsque vous vivez en fonction de valeurs spirituelles, vous n'avez aucun mal à pardonner car vous percevez clairement la bonté chez les autres. Vous ne focalisez pas votre attention sur leurs défauts ni leurs lacunes, vous percevez plutôt leur bonté fondamentale.

Être conscient de la bonté fondamentale qui habite chaque être humain permet de distinguer dans toute situation ce qui est positif et de ne condamner personne.

La compassion, dont la portée est sans limites, ne doit pourtant pas être confondue avec la résignation. En effet, une vision spirituelle de l'existence permet de changer ce que l'on peut changer, car elle donne accès à un grand pouvoir d'action. Elle permet aussi d'accepter ce que l'on ne peut changer et de percevoir ce qu'une situation tente de nous révéler sur l'existence et sur nous-mêmes.

> *Regardez en face souffrances et problèmes, soucis et fardeaux. Ne niez pas leur existence. Mais n'allez pas non plus leur associer vos interprétations habituelles. Plutôt que de vous lamenter sur la malchance qui s'abat sur vous, cherchez à déceler les raisons qui l'ont fait naître. Plutôt que de sombrer dans la tristesse, rappelez-vous que vous êtes plus qu'un ego, ou un moi personnel, et agrippez-vous à la paix qui subsiste au-delà de la souffrance et des problèmes.*
>
> Paul Brunton

Lorsque vous développez votre intelligence spirituelle, l'amertume et la désolation n'ont plus de prise sur vous, car vous parvenez à discerner en toutes situations, même les plus chaotiques et les plus confuses, l'étincelle de lumière et de vérité qui vous guidera jusqu'à leur résolution. Avoir une vision spirituelle de l'existence, c'est aborder les difficultés de façon constructive et accroître, par ce seul regard, son pouvoir sur sa vie. Chacune de ces difficultés représente en fait l'occasion de mettre à profit notre capacité de compréhension et d'évoluer toujours davantage.

Reconquérir sa force

Pour alimenter notre quête spirituelle, nous pouvons nous tourner vers la lecture de la Bible et d'autres textes sacrés qui nous aideront à nous sentir puissamment reliés aux forces supérieures de l'Univers. Il s'y trouve des enseignements qui nous apprendront à être chaque jour plus serein et plus harmonisé avec nous-mêmes. Et lorsque nous nous sentons fragiles, peu sûrs de nous, lorsque faiblit la flamme de l'amour inconditionnel envers nous-mêmes, le fait de nous retirer pour faire de telles lectures nous aidera à retrouver la sérénité.

En fait, l'esprit de bienveillance et la capacité de pardonner découlent de cette sérénité. C'est pourquoi il est si important de veiller sur sa vie spirituelle. On pourrait comparer celle-ci à un chemin plein de découvertes que l'on parcourt au gré de nos expériences, mais aussi de la lecture des enseignements écrits, qui nous procureront un grand réconfort.

L'idéal est de réserver chaque jour du temps à notre recherche spirituelle, c'est-à-dire un moment où l'on pourra faire un exercice de relaxation, puis lire un texte sacré ou philosophique, ou simplement se recueillir en silence. Cela contribuera à consolider notre lien avec les forces spirituelles de l'Univers. Ainsi, nous cultiverons le calme de l'esprit et maîtriserons plus facilement nos sentiments. Plus nous parvenons à faire la paix en nous-mêmes, plus nos pensées sont positives, plus nous sommes calmes et en paix avec nous-mêmes. De la même façon, plus nous arrivons à élever notre état d'esprit, plus notre réalité s'en trouve influencée positivement. C'est nous qui créons la réalité qui nous entoure. Par nos pensées, qui conditionnent nos gestes, nous tissons la toile de notre vie. C'est pourquoi il est si important d'atteindre l'état d'harmonie en soi-même.

En comblant la soif d'apaisement, la prière, la relaxation et la méditation peuvent nous conduire à cet état et, ainsi, transformer notre vie. Qu'elle soit bouddhiste ou chrétienne, la méditation représente un excellent moyen de se relier aux forces supérieures de l'Univers et d'atteindre un état de calme profond, une tranquillité merveilleuse, affranchie des pièges de l'ego. Cela se fait par la perte de l'ego, comme l'a écrit John Main, fondateur du Prieuré bénédictin de Montréal: «Dans la méditation, nous entrons en harmonie avec les choses telles qu'elles sont. Et ce que nous apprenons est ceci – que nous devons entrer dans la réalité du moment présent qui nous a été donné avant que la mort fusionne le passé et l'avenir dans l'éternel. Cela signifie que nous devons apprendre à mourir à l'ego et à l'état d'égoïsme qui se dérobe constamment à la réalité du présent par les regrets à propos du passé ou les rêveries quant à l'avenir. Méditer consiste à être présent, à être immobile.»

Parvenir à délaisser l'état d'égoïsme à travers le développement de sa conscience spirituelle et la pratique de la méditation, c'est apprendre à vivre autrement qu'en cherchant à posséder, à dominer les choses et les autres. Lorsque nous nous libérons de nos blocages grâce au pardon et que nous cultivons notre intelligence spirituelle par divers moyens, nous accédons à un niveau de conscience élevé et nous faisons la découverte d'un état merveilleux: la paix de l'esprit.

La clé du renoncement

Parfois, il est nécessaire d'abandonner ses désirs. Car bien que nous souhaitions quelque chose de toutes nos forces, ce rêve ne se réalise pas. Ce peut être une personne qui ne veut plus de nous ou un projet de travail qui échoue; ce peut être une amitié qui bat de l'aile ou un rêve qui s'avère impossible. Alors, au lieu de nous accrocher, nous devons accepter notre perte et surmonter la peur du vide. La démarche du pardon est précieuse dans une telle situation, car elle nous apprend à renoncer à un désir, à laisser tomber nos attentes lorsqu'il s'avère impossible qu'elles soient comblées. La vie est fluide comme l'eau et l'air, et il nous faut suivre le courant. On ne peut toujours la diriger.

Par exemple, l'attitude qui consiste à tenter de retenir les êtres ou les choses est stérile. Plus vous résistez, plus vous alimentez le conflit et votre peine. Ici, renoncer n'est pas perdre, mais gagner. La seule chose que vous puissiez perdre, vous n'en avez pas besoin sur le chemin spirituel: c'est l'attachement, l'avidité, le sentiment d'être insatisfait. Lorsque vous renoncez à l'attachement, vous pouvez aimer véritablement. Aimer la personne que vous êtes et aimer les autres. Plus vous parvenez à lâcher prise, plus vous vivez l'amour intérieur, plus vous vous éloignez de la peur et de l'inquiétude.

Accéder à son moi profond

Accepter l'impermanence des êtres et des choses, c'est accéder à la quiétude. Lorsque vous renoncez à vouloir maîtriser ce qui vous échappe, vous gagnez une formidable liberté. L'ego désire tout contrôler, et c'est l'ego qui tente de bloquer le pardon. Les énergies négatives appartiennent à l'ego.

Accédez à votre moi profond, et toutes les richesses de l'Univers s'offrent à vous. La vie intérieure devient alors si intense qu'elle procure de grands plaisirs liés au simple fait d'exister. C'est l'attachement de l'ego qui engendre la souffrance. En renonçant à l'attachement de l'ego, vous vous détachez nécessairement aussi de la souffrance. Vous abordez différemment votre vie présente et passée, vous pardonnez à autrui et à vous-même toutes les actions qui ont été pour vous source de chagrin ou de rancune.

Lorsque vous vous débattez avec des émotions négatives, vous leur donnez un immense pouvoir sur vous. Si, au contraire, vous récupérez votre liberté grâce au geste purificateur du pardon et à une vision spirituelle de l'existence, plus rien n'est impossible: une fois les énergies négatives évincées, vous pouvez vous consacrer entièrement à votre bien-être et à la réalisation de vos rêves. Vous cessez de gaspiller vos énergies et votre temps dans le cercle infernal de la hargne. Il s'agit là d'une immense délivrance, dont les effets peuvent se répercuter dans les moindres détails de votre existence.

L'absence de l'ego va de pair avec la sagesse. Lorsque celle-ci commence à se dessiner dans votre vie, vous vous rapprochez de votre moi profond, et votre essence spirituelle peut émerger. Car le vrai moi se trouve au-delà de l'ego. Il est relié à la transcendance, aux forces supérieures de l'Univers. Lorsque vous parvenez à dépasser l'expérience de l'échec, vous vous ouvrez à la grâce, vous touchez à l'essence divine qui est en vous.

Conclusion

Par la démarche du pardon véritable, vous avez pu surmonter la colère, l'amertume, la rancœur, la peine, la peur ou tout autre sentiment qui vous éloignait de la quiétude. Ainsi, vous savez maintenant qu'il est possible de mettre fin aux états destructeurs pour laisser entrer la lumière, la compassion, la bienveillance et tout ce qui compose le bonheur intérieur. Vous savez que vous pouvez, grâce à la conscience spirituelle, effacer les effets néfastes d'une offense tout en utilisant cette expérience pour devenir une personne pleinement épanouie. Il ne vous reste à présent qu'à apprécier pleinement chaque moment de votre existence et à devenir enfin ce que vous êtes, profondément: un être de paix, de douceur et de lumière.

Lectures suggérées

BUSCAGLIA, Leo. *Apprendre à vivre et à aimer*, Montréal, Le Jour éditeur, 1983.

CARTER-SCOTT, Chérie. *Dix règles pour réussir sa vie*, Montréal, Les Éditions Flammarion Québec, 2000.

COELHO, Paulo. *Manuel du guerrier de la lumière*, Paris, Éditions Anne Carrière, 1998.

SA SAINTETÉ LE DALAÏ-LAMA et CUTLER, Howard. *L'art du bonheur*, Paris, Robert Laffont, 1999.

FOX, Dr Emmet. *Le sermon sur la montagne*, Paris, Éditions Astra, 1973.

FOX, Dr Emmet. *Vers la plénitude et la joie*, Paris, Éditions Astra, 1982.

HUISMAN, Denis et MALFRAY, Marie-Agnès. *Les plus grands textes de la philosophie orientale*, Paris, Éditions Albin Michel, 1992.

La Bhagavad Gîtâ, traduction, introduction et commentaires par Anne-Marie Esnoul et Olivier Lacombe, Paris, Éditions du Seuil, coll. «Sagesse», 1976.

MAIN, John, Dom. O.S.B. *La mort, voyage intérieur*, Conférence au quatrième colloque international sur les soins palliatifs, à Montréal, le 6 octobre 1982, publié par Le Prieuré bénédictin de Montréal, 1989.

MALTZ, Dr Maxwell. *Psychocybernétique: Comment changer l'image de soi pour transformer sa vie*, St-Jean-de-Braye (France), Éditions Dangles, 1994.

MONBOURQUETTE, Jean. *À chacun sa mission. Découvrir son projet de vie*, Mont-Royal, Éditions Novalis, 1999.

MONBOURQUETTE, Jean. *Comment pardonner?*, Ottawa, Éditions Novalis, 1992.

MORENCY, Françoise. *Les plus belles prières et les plus beaux textes spirituels du monde entier*, Outremont, Éditions Quebecor, 2000.

Paroles de sagesse éternelle, textes présentés et recueillis par Michel Piquemal et Marc de Smedt, Paris, Albin Michel, coll. «Carnets de sagesse», 1999.

Prier avec saint François d'Assise, Jean-Pierre Delarge (dir.), Montréal, Fides, 1980.

STAUFFER, Edith R., Ph.D. *Amour inconditionnel et pardon*, Sainte-Foy, Le Centre d'intégration de la personne, 1987.

Table des matières